JUMP COMICS

NARUTO

―ナルト―

巻ノ十四

火《ほ》影《かげ》VS《バーサス》火《ほ》影《かげ》!!

岸本斉史

主《おも》な登《とう》場《じょう》人《じん》物《ぶつ》
うちはサスケ
うずまきナルト
春《はる》野《の》サクラ
ガイ
日向《ひゅうが》ネジ
テンテン
ロック・リー
奈良《なら》シカマル
薬師《やくし》カブト
日向《ひゅうが》ヒナタ
犬塚《いぬづか》キバ&赤丸《あかまる》
山中《やまなか》いの
秋道《あきみち》チョウジ
油女《あぶらめ》シノ

前巻《ぜんかん》までのあらすじ

木《こ》ノ葉《は》隠《がく》れの里《さと》、忍術学校《にんじゅつがっこう》の問題児《もんだいじ》だったナルトはサスケ、サクラとともに晴《は》れて忍《にん》者《じゃ》の仲間《なかま》入《い》りを果《は》たした。

中忍選抜試験《ちゅうにんせんばつしけん》に臨《のぞ》んだナルトたちは「死《し》の森《もり》」で大蛇丸《オロチまる》の急襲《きゅうしゅう》を受《う》ける。大蛇丸《オロチまる》はサスケの身体《からだ》に呪印《じゅいん》を残《のこ》して姿《すがた》を消《け》した…。

ナルトとサスケは〝第《だい》三の試験《しけん》〟の予選《よせん》を勝《か》ち抜《ぬ》き、本選《ほんせん》に進《すす》む。緒戦《しょせん》、ネジと対戦《たいせん》したナルトは九尾《きゅうび》のチャクラの力《ちから》でネジを倒《たお》す。続《つづ》くシカマル・テマリ戦《せん》は頭脳戦《ずのうせん》の末《すえ》、シカマルが勝利寸前《しょうりすんぜん》にギブアップ。そしてサスケと我愛羅《ガアラ》戦《せん》の最中《さなか》、風影《かぜかげ》に化《ば》けた大蛇《オロチ》丸《まる》は火影《ほかげ》を捕《とら》え、結界《けっかい》を張《は》る。遂《つい》に大蛇《オロチ》丸《まる》たちの〝木ノ葉《は》崩《くず》し〟が始《はじ》まったが…!?

NARUTO

—ナルト—

巻ノ十四

火影《ほかげ》VS《バーサス》火影《ほかげ》!!

もくじ

《ナンバー》118：足止《あしど》め…!!　7

《ナンバー》119：オレの人生《じんせい》…!!　27

《ナンバー》120：火影《ほかげ》vs《バーサス》火影《ほかげ》!!　45

《ナンバー》121：恐《おそ》るべき実験《じっけん》…!!　63

《ナンバー》122：受《う》け継《つ》がれゆく意志《いし》!!　79

《ナンバー》123：最後《さいご》の封印《ふういん》　99

《ナンバー》124：永遠《えいえん》なる闘《たたか》い…!!　119

《ナンバー》125：目覚《めざ》めの時《とき》…!!　139

《ナンバー》126：油断《ゆだん》…!!　159

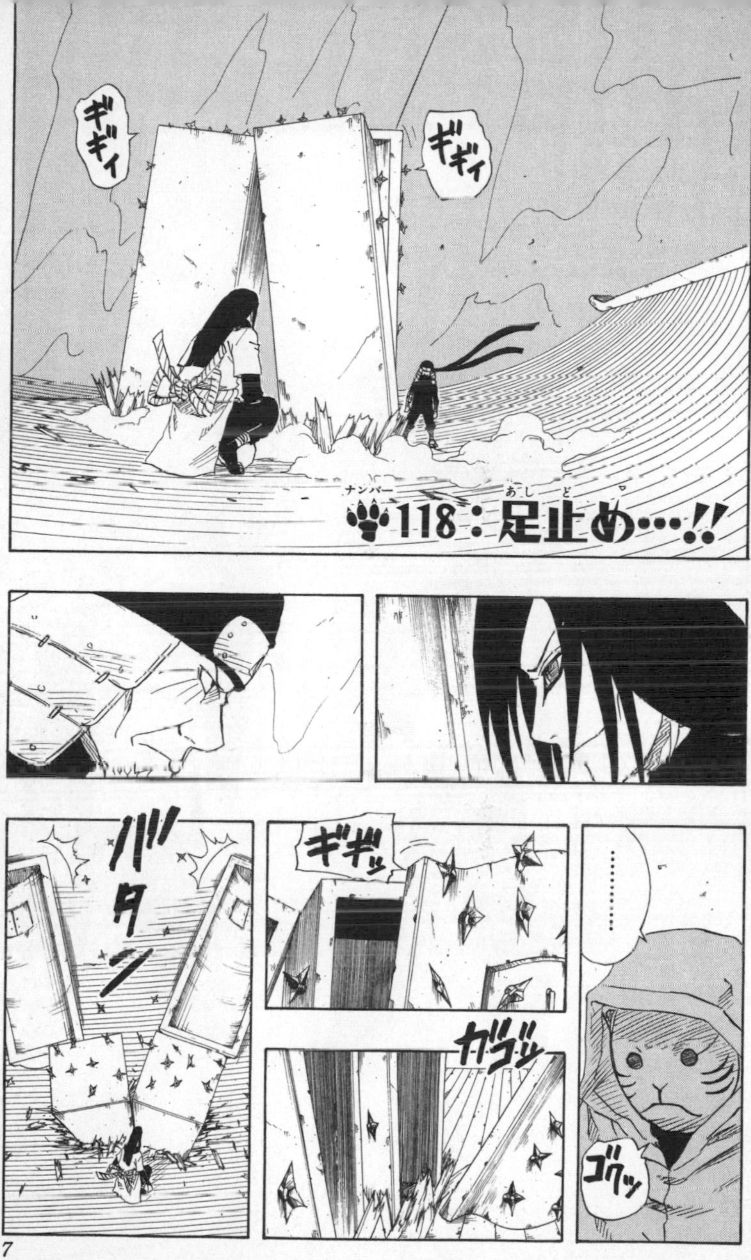
ギギィ
ギギィ
118：足《あし》止《ど》め…!!
……
ゴクッ
ギギッ
ガゴッ
バタン

🐾《ナンバー》118：足《あし》止《ど》め…!!

!!
ま…まさか！あの方々《かたがた》は…!?
……!?
あの方々《かたがた》…？
久《ひさ》し振《ぶ》りよのォ…サル…
ほお…お前《まえ》か…
年《とし》を取《と》ったな猿飛《さるとび》…
まさか このようなことで 御兄弟《ごきょうだい》お二人《ふたり》に 再《ふたた》びお会《あ》い しようとは…
残念《ざんねん》です…
これは…マズいぞ…
…あり口寄《くちよ》せ！一体《いったい》奴《やつ》らは何者《なにもの》です!?
…覚悟《かくご》して下《くだ》され

初代様《しょだいさま》!
二代目様《にだいめさま》!!
…え!!?
そうだ!
黒髪《くろかみ》の方《ほう》が初代《しょだい》…
白髪《はくはつ》の方《ほう》が二代目《にだいめ》…
ともに最高《さいこう》の忍《しのび》と謳《うた》われ
今《いま》の木《こ》ノ葉《は》を築《きず》き上《あ》げた
火影様《ほかげさま》だ…!

穢《え》土《ど》転《てん》生《せい》か……
禁術《きんじゅつ》で ワシらを呼《よ》んだのは この若僧《わかぞう》か… 大《たい》した奴《やつ》よ…
ガッ
ガッ
だとすると 猿飛《さるとび》よ!
ワシらは 貴《き》様《さま》と 戦《たたか》わねばならぬ… ということか
年寄《としよ》りの 寄《よ》り合《あ》い話《ばなし》は その辺《へん》にして
ガコン
ガゴン
そろそろ 始《はじ》めませんか
いつの世《よ》も… 戦《たか》いか…

…ククク お好《す》きでしょう!

死者《ししゃ》を 愚弄《ぐろう》しおって……
時《とき》を弄《もてあそ》ぶと ろくなことに ならんぞ

なるへそ！そういうことになってたのか！
サスケの奴《やつ》焦《あせ》りやがって!!
で！なんでオレが駆《か》り出《だ》されんだよ
くそめんどくせーな！
しょうがないでしょ！カカシ先生《せんせい》の命令《めいれい》なんだもん！

クン
クン
こっちだ!
ザッ
ザッ
ザッ
ザッ
ザッ

ザザザ
ワン ワン
!!
おい!! お前《まえ》ら もっとスピードを上《あ》げろ!
え… 何《なん》なの!?
後《うし》ろから 2小隊《しょうたい》 8人《にん》 イヤ…
もう1人《り》… 9人《にん》が 追《お》ってきとる
!!
おいおい もうかよ!? 冗談《じょうだん》じゃねーぞ!!
まだ ワシらの 正確《せいかく》な位置《いち》までは つかんでないようだが
待《ま》ち伏《ぶ》せを 警戒《けいかい》しながらも 確実《かくじつ》に迫《せま》ってきとる
チィ! くそ!
おそらく 中忍《ちゅうにん》以《い》上《じょう》の奴《やつ》 ばっかだ… 追《お》いつかれたら 全滅《ぜんめつ》だぜ!

全滅《ぜんめつ》……!!
くっそー！こうなったら待《ま》ち伏《ぶ》せてやっちまうか⁉
待《ま》ち伏《ぶ》せ…………そうね…
確《たし》かに待《ま》ち伏《ぶ》せならこっちが超有利《ちょうゆうり》！
たとえ相手《あいて》の数《かず》が倍《ばい》でも不意《ふい》を突《つ》きさえすれば…
そりゃダメだ 相手《あいて》は元《もと》・木《こ》ノ葉《は》の忍《しのび》だった大蛇丸《オロチまる》の部下《ぶか》だぞ
チィ……いけると思《おも》ったけどやっぱダメか…
え⁉何《なん》でそんなのカンケーないじゃない⁉
………どういうことだってばよ⁉

分《わ》かっちゃねーなお前《まえ》ら！
いいか！
確《たし》かに待《ま》ち伏《ぶ》せはムチャ有利《ゆうり》な基本戦術《きほんせんじゅつ》だがそれには 2つの必要条件《ひつようじょうけん》がある
…その① 逃《に》げ手《て》は決《けっ》して音《おと》を立《た》てずに行動《こうどう》し先《さき》に敵《てき》を発見《はっけん》する！
ダン
その② 追《お》っ手《て》の不意《ふい》を狙《ねら》え 確実《かくじつ》なダメージを与《あた》えられる場所《ポイント》・位置《ポジション》を獲得《かくとく》しすばやく潜伏《せんぷく》する！
この両方《りょうほう》が確実《かくじつ》になされて初《はじ》めて 待《ま》ち伏《ぶ》せは有効《ゆうこう》になる
まぁその①の方《ほう》は忍犬《にんけん》の鼻《はな》がありゃさほど難《むずか》しくはねー…

その②の方《ほう》も
自国《じこく》の里《さと》である
オレたちの方《ほう》が
一見《いっけん》 地理《ちり》を良《よ》く
知《し》っていて
不意《ふい》を突《つ》くのに
最《もっと》もいい
位置《ポジション》を
獲得《かくとく》できそうだが
木《こ》ノ葉《は》にいた
忍《しのび》の部下《ぶか》じゃ
その手《て》は効《き》かない!
?
追《お》っ手《て》は この里《さと》の
地形《ちけい》を教《おし》え込《こ》まれ
この戦いの為《ため》に
模擬《もぎ》練習《れんしゅう》を
重《かさ》ねてきた
追跡術《ついせきじゅつ》を
マスターした
忍者《にんじゃ》ばかり
だろーからな
それでも
待《ま》ち伏《ぶ》せが
有利《ゆうり》なのには
変《か》わりがないが
不確定要素《ふかくていようそ》が
多《おお》すぎる!
大体《だいたい》… 敵《てき》さんは
この計画《けいかく》の為《ため》に
編成《へんせい》された忍者部隊《にんじゃぶたい》
ところが こっちは…

馬鹿《バカ》に……
ムッ
大《たい》した取《と》り柄《え》のないくノ一《いち》に…
ムッ
…犬一匹《いぬいっぴき》
…と逃《に》げ腰《ごし》No.1《ナンバーワン》のオレだぜ!
戦略《せんりゃく》ってのはなぁ…!
そこにある戦力状況《せんりょくじょうきょう》を確実《かくじつ》につかみ 最善策《さいぜんさく》を練《ね》ることだ!!
…でだ… 今《いま》のオレたちにできるとすりゃあ… たった一《ひと》つ…
ザッ
一《ひと》つ…!?

待《ま》ち伏《ぶ》せに見《み》せかけた陽動《ようどう》だ…
一人《り》が残《のこ》り…
待《ま》ち伏《ぶ》せのように見《み》せかけて足止《あしど》めする
つまり…
囮《おとり》…
そうだ… 足止《あしど》めをかけれりゃ残《のこ》りの3人《にん》の位置《いち》はつかめなくなる
…そうすりゃ追跡《ついせき》は撒《ま》けるが
たぶん囮《おとり》になった奴《やつ》は…

死《し》ぬ
……!
……!
で……誰《だれ》がやる?
犬《いぬ》さんはサスケを追《お》うのに必要《ひつよう》だ… とすると
……
オレしかないか…
分《わ》かったってばよ オレが…
キッ

!!
シカマル!?
何《なん》で…お前《まえ》が!?
全滅《ぜんめつ》するよりゃマシだろ
パシィ!
それに…囮役《おとりやく》を十分《じゅうぶん》にこなせてかつ生《い》き残《のこ》る可能性《かのうせい》がある奴《やつ》といったら…
こん中《なか》じゃオレだけだ
タン
!
!
ザッ
ザッ
ザッ
影真似《かげまね》の術《じゅつ》は元々《もともと》足止《あしど》めの為《ため》の術《じゅつ》だからよ…

まぁ!
後《あと》で追《お》いつく
からよ…
とっとと行《い》け!!
スッ
頼《たの》んだぞ!!
キッ
シカマル…
ザッ
………
…シカマルって
こんなに
頼《たよ》りになる
キャラだっけ…
ザザザザザザッ
!

プラン
フフ…まだまだ甘《あま》い…
おい敵《てき》はどんどん近付《ちかづ》いてきとるぞ!
あいつ…本当《ほんとう》に足止《あしど》めしとるのか!?
!!
ま…まさかあいつ
ひょっとして逃《に》げたんじゃないわよね!
あいつは口《くち》もワリーしいつもめんどくさがってっけど裏切《うらぎ》ったりはしねー奴《やつ》だよ!

フーー何《なん》とか うまく逃《に》げきったぜェ…
ザッ

ゼ!!!
クン
!!
ザッ
…とかって感《かん》じのキャラだったのになぁ… オレ
あ! ちなみに コレが 犬《いぬ》の足跡《あしあと》の正体《しょうたい》ね

クン
クン

ハァ
ハァ
なんだ まだ ガキじゃねーか… こんなのに全員《ぜんいん》捕《つか》まっちまうとは…!
これが噂《うわさ》に聞《き》く木《こ》ノ葉《は》の影《かげ》しばりの術《じゅつ》か…
119《ナンバー》：オレの人生《じんせい》…!!
あ〜〜〜!! 言《い》い方《かた》が古《ふる》いぜ それ!
ハァ
時代《じだい》は流《なが》れてんだよ…
今《いま》は影《かげ》真似《まね》って言《い》うんだよオッサン!
ハァ
やっぱ あの試合《しあい》はマズったな…
…チャクラを使《つか》い過《す》ぎた… もう そう長《なが》くはもたねェ…
ハァ

119《ナンバー》：オレの人生《じんせい》…!!
1・2・3・4……
8人《にん》…
後《うし》ろから2小隊《しょうたい》8人《にん》
イヤ…もう一人《り》…
9人《にん》が追《お》ってきとる
……
!?

ゴッ
やっぱ9人目《にんめ》は8人《にん》の忍者《にんじゃ》を待《ま》ち伏《ぶ》せから護衛《ごえい》する役目《やくめ》か…
距離《きょり》を一定《いってい》にとって後方《こうほう》を移動《いどう》し敵襲《てきしゅう》に対応《たいおう》する…
ススッ

まぁ しかし…
どこに 隠《かく》れてやがるか…は
これで…
グググッ
パシュ
ハッキリするぜ!!

キン
キン
キン
!!
カシャ
キシャン
フフ…
ハァ
ハァ
……!
ハァ
ハァ
ハァ
そこか…!

グニューン
くそ… 影《かげ》のスピードが 上《あ》がらねぇ…
もう チャクラにまわす スタミナが無《ね》エ…
ムダだ…
お前《まえ》の技《わざ》は 見《み》切《き》っている
チィ…
…ここまでか…
どうやら… 限界《げんかい》の様《よう》だな…
この 影真似《かげまね》とやらも すぐ解《と》ける… 覚悟《かくご》しておけ！

はぁ…オレは
テキトーに忍者《にんじゃ》やって
テキトーに稼《かせ》いで…
美人《びじん》でもブスでもない
普通《フツー》の女《おんな》と結婚《りっこん》して
子供《こども》は2人 最初《さいしょ》が女《おんな》の子《こ》で
次《つぎ》が男《おとこ》の子《こ》…
長女《ちょうじょ》が結婚《けっこん》して
息子《むすこ》が一人前《いちにんまえ》になったら
忍者《にんじゃ》を引退《いんたい》して…
…あとは日《ひ》がな一日《いちにち》
将棋《しょうぎ》や碁《ご》を打《う》って
悠悠自適《ゆうゆうじてき》の隠居生活《いんきょせいかつ》…
そうして
奥《おく》さんより先《さき》に
老衰《ろうすい》で逝《い》く…
そんな人生《じんせい》が
良《よ》かったのに…
柄《ガラ》にもなく
気張《きば》っちまったな…
普通《ふつう》で終《お》わりた
かったのによ…
めんどくせーこと
しちまったぜ…

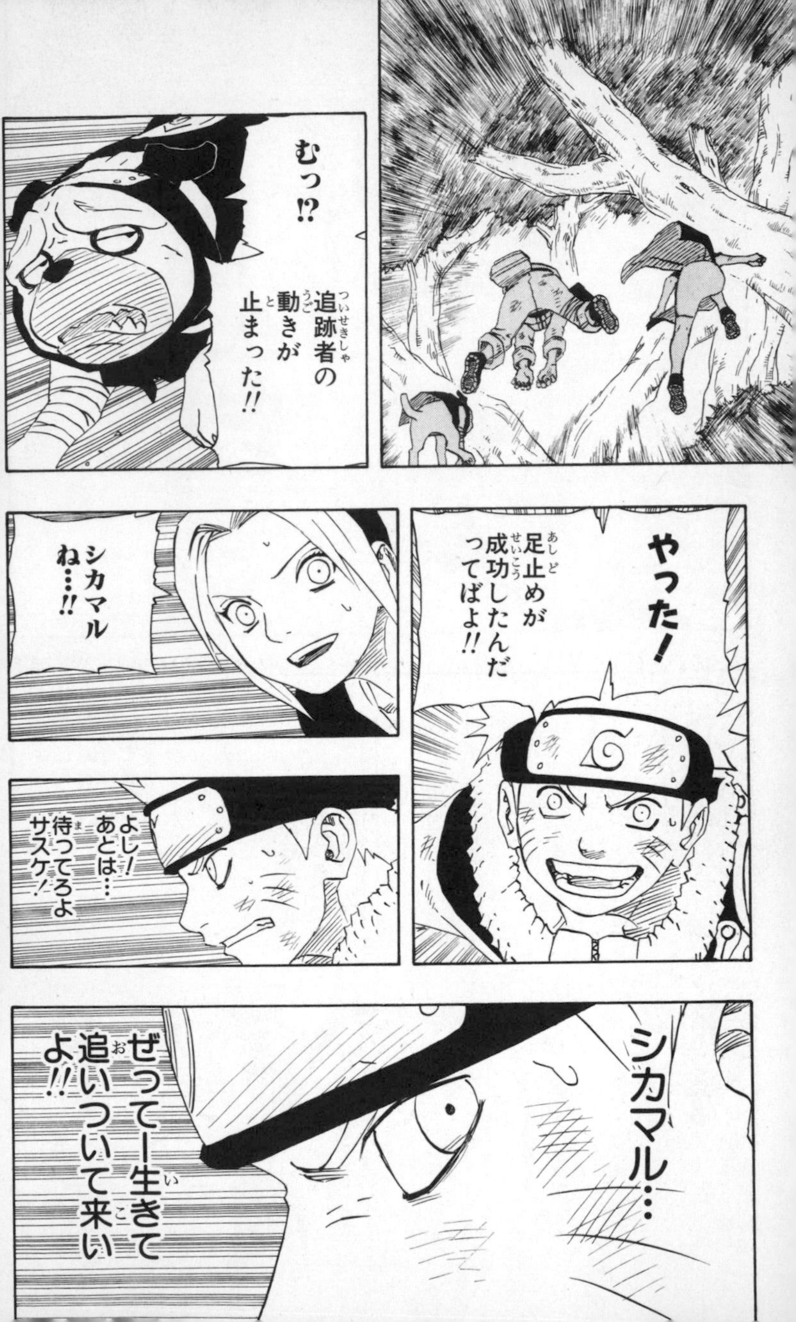
むっ⁉
追跡者《ついせきしゃ》の動《うご》きが止《と》まった!!
やった!
足止《あしど》めが成功《せいこう》したんだってばよ!!
シカマルね…!!
よし! あとは…待《ま》ってろよサスケ!
シカマル…
ぜってー生《い》きて追《お》いついて来《こ》いよ!!

ハァ
ハァ
…お前《まえ》の言《い》う通《とお》り……どうやら限界《げんかい》だ…
スス…
おい…そろそろ出《で》て来《こ》い
プルーン
ついでにコイツの首《くび》をハネてやれ
!!
ゾクッ
ビクッ
ザッ

ドン
!!
ようやく追《お》いついた…
…アスマ…なんで…

ドサッ
ザザッ
ザ!!
シュパ
ザッ
ポイ
ジュッ

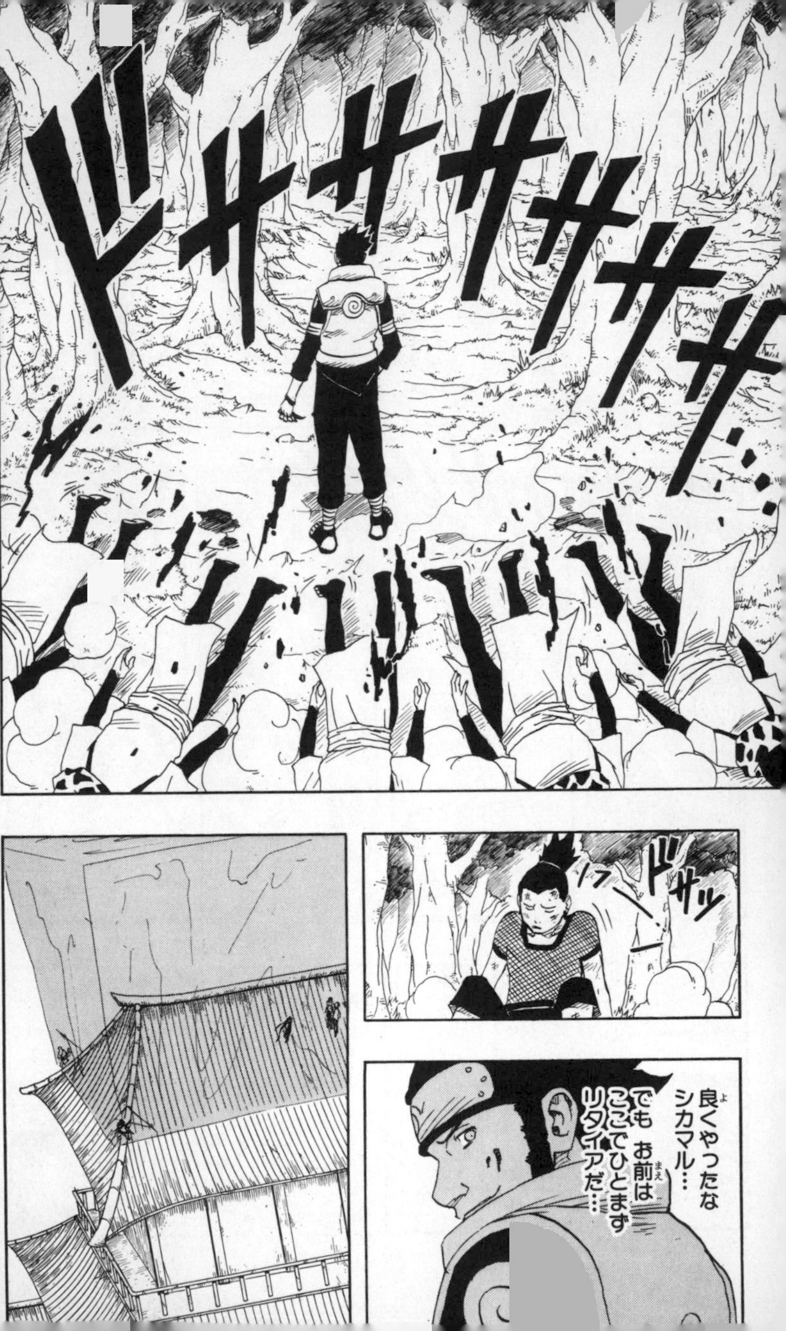
ドササササササ…
ドサッ
良《よ》くやったな シカマル…
でも お前《まえ》は ここでひとまず リタイアだ…

…では 始《はじ》めますか
………
ガッ
その前《まえ》に お二人《ふたり》とも 本来《ほんらい》の姿《すがた》に戻《もど》って 頂《いただ》かないとね…
グググッ
ズブブ
ズボッ

シュウウ
シュウウウウ
シュウウ
ググッ

…みるみる生気《せいき》を帯《お》びていく…
なんなんですあの術《じゅつ》…!?
…ますます昔《むかし》のままのお姿《すがた》よ…
穢土転生《えどてんせい》…
死者《ししゃ》をこの世《よ》に再《ふたた》び甦《よみが》えらせる禁術《きんじゅつ》の口寄《くちよ》せだ…
通常《つうじょう》口寄《くちよ》せはその代償《だいしょう》として術者《じゅつしゃ》の血《ち》を使《つか》うが…
この術《じゅつ》は死者《ししゃ》の魂《たましい》をこの世《よ》に呼《よ》び寄《よ》せ留《とど》めるために…
魂《たましい》の入《い》れ物《もの》として生《い》きている人間《にんげん》の体《からだ》を生贄《いけにえ》に使《つか》うと聞《き》いたことがある
…ではあの二人《ふたり》の体《からだ》はその生贄《いけにえ》の…!!
ああ…おそらくその生贄《いけにえ》の体《からだ》のまわりを塵《ちり》あくたが覆《おお》い…
呼《よ》び寄《よ》せた魂《たましい》の本来《ほんらい》の姿《すがた》を形《かた》どったものだ…
そして…

頭《あたま》に埋《う》め込《こ》まれた札《ふだ》によって その魂《たましい》の人格《じんかく》すら殺《ころ》し ただの殺《さつ》りく人形《にんぎょう》と化《か》す!!
ククク…
完成《かんせい》…
……
ククク… 知《し》ってますか?
かつて師《し》と呼《よ》んだ者《もの》を…
傷《きず》つけるという達成感《たっせいかん》と喜《よろこ》び!
その喜《よろこ》びを知《し》ってもらおうとこの場《ば》を用意《ようい》したのですから…

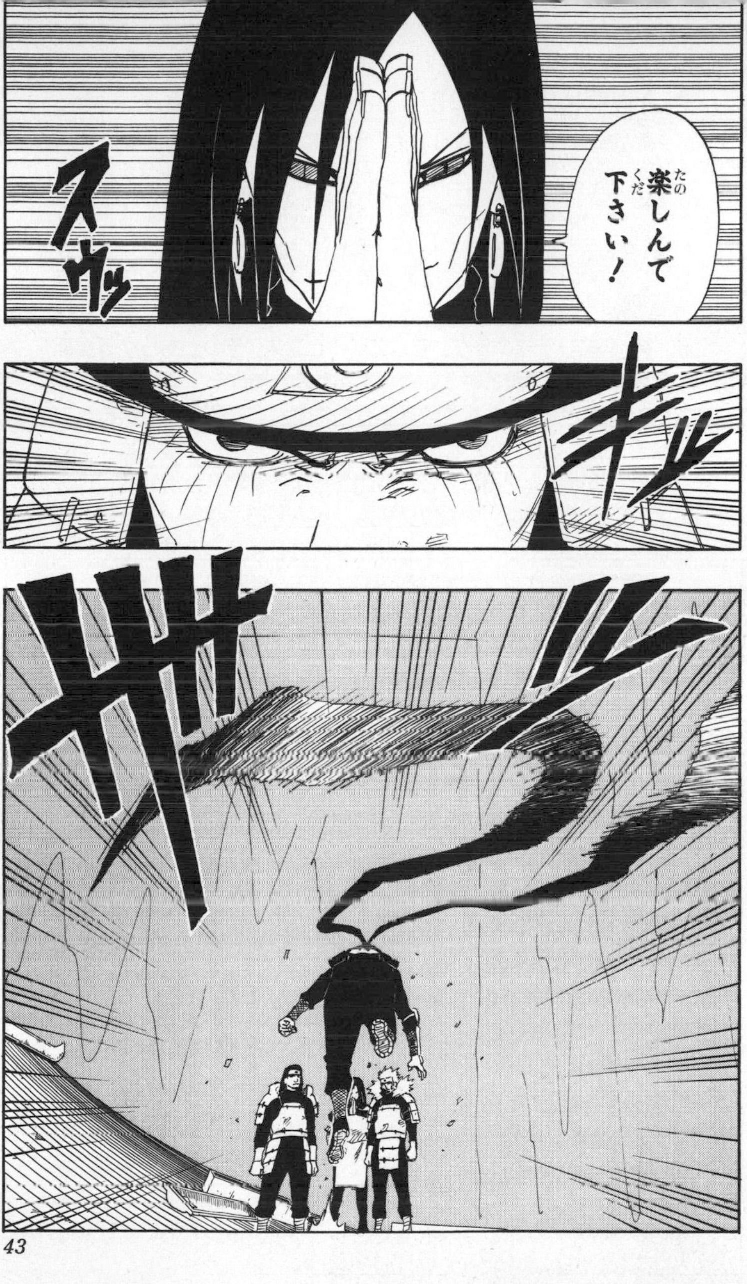
楽《たの》しんで下《くだ》さい！
スウッ
キッ
ザッ

[岸本斉史《きしもとまさし》の世界《せかい》]

生《お》い立《た》ちヒストリー19

大学《だいがく》2年《ねん》の終《お》わりになっても、たいしたマンガは描《か》けないでいた。そして、ふと「マンガとは何《なん》だ？」みたいなことを考《かんが》えるようになり、マンガというものをもっと理解《りかい》しなければ、と分析《ぶんせき》をすることにした。マンガの要素《ようそ》として、キャラクター、モチーフ、ストーリー、テーマ、演出《えんしゅつ》としてはカメラ(ワイド、望遠《ぼうえん》)による構図《こうず》、音《おと》(効果音《こうかおん》の描《か》き文字《もじ》)、アクション、エフェクト、背景《はいけい》の1、2、3点《てん》通《どお》しのパース・テクニック、そして間《ま》、センス、その他《ほか》あらゆる要素《ようそ》が要求《ようきゅう》されるものだということがだんだんと分《わ》かって来《き》た。分《わ》かって来《き》たのはいいが、分析《ぶんせき》を続《つづ》けるうちにどんどん不足《ふそく》しているところが見《み》えてくるし、余《あま》りにもやることが多《おお》すぎて、少《すこ》しパニックになってしまったのである。これらのあらゆる要素《ようそ》を理解《りかい》して、一人《ひとり》で全《すべ》てやらなければ、一般《いっぱん》に「まぁ、おもしろいなぁ…」と軽《かる》く読《よ》み飛《と》ばされる程度《ていど》のマンガすら描《か》けないことも分《わ》かって来《き》た。

…何故《なぜ》だか急《きゅう》にマンガというものが恐《おそ》ろしくなり、化《ば》け物《もの》みたいに思《おも》えて来《き》て、マンガを描《か》くのが怖《こわ》くなってしまったのである。そんな苦《くる》しい時期《じき》が数《すう》か月続《がつつづ》いて精神的《せいしんてき》に少《すこ》し参《まい》っていた時《とき》、ある友《とも》達《だち》がジャンプを買《か》って、ボクの部屋《へや》で「スラムダンク」を読《よ》んでいた…。その時《とき》、友達《ともだち》の顔《かお》をふと見《み》ていると、すごく楽《たの》しそうに顔《かお》の表情《ひょうじょう》が変化《へんか》していたことに気付《きづ》いた。その後《ご》スラムを読《よ》み終《お》わった友達《ともだち》は一言《ひとこと》、「あ――！スラムおもれー!!」。そして、その時《とき》、急《きゅう》に友《とも》達《だち》に聞《き》きたくて仕方《しかた》ないことが出《で》て来《き》た。その質問《しつもん》は自分《じぶん》にとってすごく怖《こわ》い質問《しつもん》だった。その友達《ともだち》はオレにウソはつかない奴《やつ》だったし、マンガもよく分《わ》かってる奴《やつ》だったからだ。そして、こう質問《しつもん》した。

「スラムとオレのマンガは何《なに》が違《ちが》うんかなぁ？　なんでスラムはそんなにおもれーんかな？」

確《たし》かにボク自身《じしん》も「スラムダンク」が大好《だいす》きで、面白《おもしろ》いのは百《ひゃく》も承知《しょうち》！　ただ、客観的《きゃっかんてき》にスラムとオレのマンガの違《ちが》いが知《し》りたかったのである。友達《ともだち》はこう答《こた》えた。

「井上雄彦《いのうえたけひこ》はバスケがすげー好《す》きなのは読《よ》んでて分《わ》かるんよ。んで、井上《いのうえ》さん、スラムを楽《たの》しんで描《か》いとるのが伝《つた》わるし、読者《どくしゃ》にもこんだけ楽《たの》しいもんなんぞって、読《よ》んでくれって感《かん》じで描《か》いてある。お前《まえ》のマンガは何《なん》か、本気《ほんき》で好《す》きで描《か》いとんだろーけど楽《たの》しそうじゃないし…。大体《だいたい》なぁ、一人《ひとり》喜《よろこ》んで描《か》いとって、オレらおいてけぼっちなんよ。読《よ》んでくれって感《かん》じがせんわ…」。

120《ナンバー》：火影《ほかげ》VS《バーサス》火影《ほかげ》!!
ブン
ブン
バババッ
バッ
火遁《かとん》
火龍炎弾《かりゅうえんだん》!!
ワッ

ゴゴ
水遁《すいとん》
水障壁《すいじんへき》!!

ゴ
120：
火影《ほかげ》VS《バーサス》火影《ほかげ》!!
ボッ
くっ!

ジュウウウッ
水《みず》の無《な》い所《ところ》で
このレベルの
水遁《すいとん》を発動《はつどう》
出来《でき》るなんて！
信《しん》じられん!!
さすがは
先代《せんだい》といった所《ところ》
ですね…
水遁《すいとん》
水龍弾《すいりゅうだん》!!
ザバァ

土遁《どとん》土流壁《どりゅうへき》!!
オオオオ

木遁《もくとん》
秘術《ひじゅつ》…
!!
これは…!!
初代様《しょだいさま》だけの秘術《ひじゅつ》…マズい!!
カリッ
樹界降誕《じゅかいこうたん》!!
ザッ
メキ
メキメキ
バッ
バッ

ズ
ドドドドド
グググ
ぐっ!!
ガッ
グルン

チャクラが生命《せいめい》の源《みなもと》に……!!
あれが乱世《らんせい》を治《おさ》め 木《こ》ノ葉《は》を築《きず》いた 初代様《しょだいさま》 伝説《でんせつ》の木遁忍術《もくとんにんじゅつ》か……!!
フフ… 捕《つか》まっちゃいましたね 猿飛先生《さるとびせんせい》……
ぐぐ……
グググッ
グググッ
忍法《にんぽう》・口寄《くちよ》せ!!
出《い》でよ……!!

ボン
猿猴王《えんこうおう》・猿魔《えんま》!!
フン…
老猿《ろうえん》
猿魔《えんま》ですか…
哀《あわ》れだの
猿飛《さるとび》!
……
大蛇丸《オロチまる》…
やはり
こうなったか
……!
あの時《とき》
殺《ころ》しておかぬ
からだ!!

これからやるのだ…
へっ！遅《お》せーよ!!
猿魔《えんま》!!
金剛如意《こんごうにょい》じゃ!!
分《わ》かった…
変化《へんげ》!!
ボン
よし！

パシィ
ガガ
ザッ
何《なん》てレベルの忍術合戦《にんじゅつかっせん》……
これが火影《ほかげ》というレベル…
フフ…ようやく面白《おもしろ》くなってきたわね…
ズリュウ
ズリュッ
草薙《くさなぎ》の剣《つるぎ》の一《ひと》振《ふ》りか……

カチャ
行《い》くぞ猿魔《えんま》!!
いくら金剛《こんごう》の体《からだ》でも草薙《くさなぎ》の剣《つるぎ》は痛《い》てーぜェ…
ザッ
グオ
ブン

キュン
!!
ズオ
!!
!?
ガク

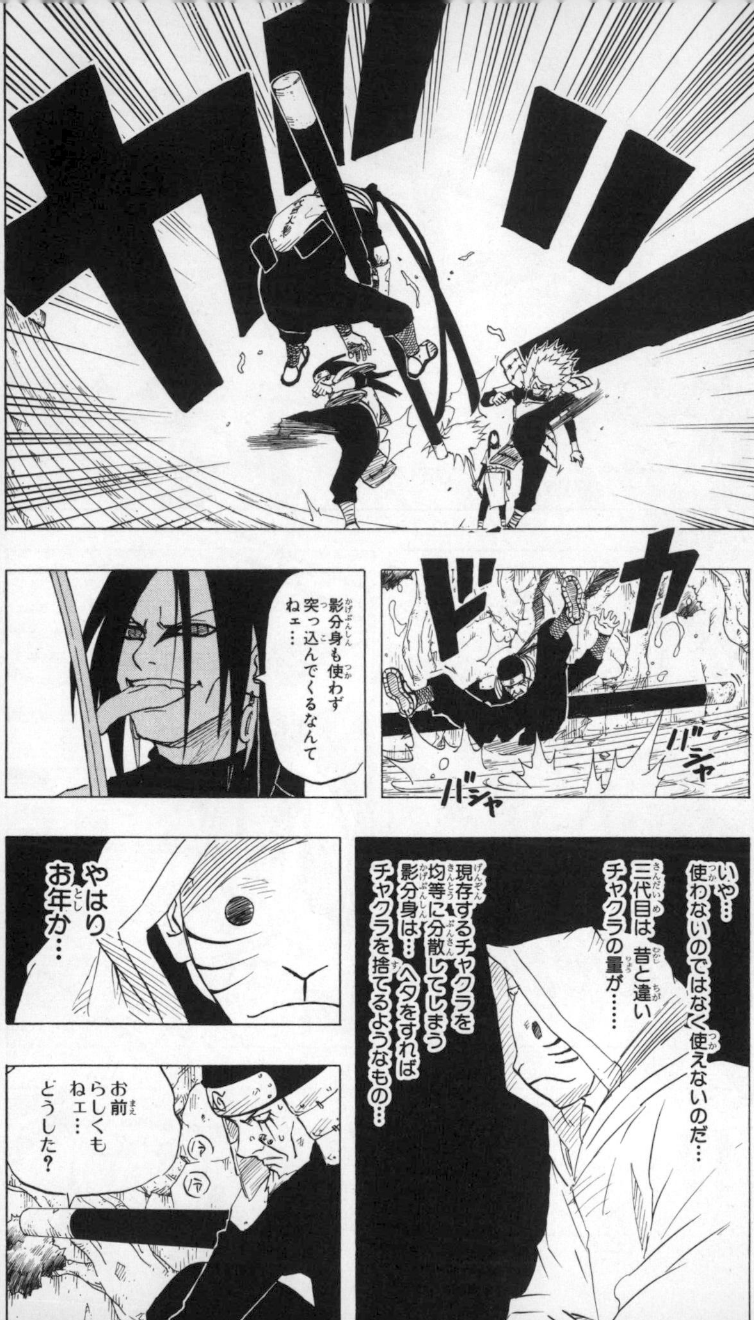
ドカ
バシャ
バシャ
影分身《かげぶんしん》も使《つか》わず突《つ》っ込《こ》んでくるなんてねェ…
いや…使《つか》わないのではなく使《つか》えないのだ…
三代目《さんだいめ》は昔《むかし》と違《ちが》いチャクラの量《りょう》が……
現存《げんぞん》するチャクラを均等《きんとう》に分散《ぶんさん》してしまう影分身《かげぶんしん》は…ヘタをすればチャクラを捨《す》てるようなもの…
やはりお年《とし》か…
お前《まえ》らしくもねェ…どうした?

くっ
如意棒《にょいぼう》が
これほど重《おも》く
感《かん》じるとは…
ハァ
ハァ
ハァ
フフフ……
木《こ》ノ葉《は》に存在《そんざい》する術《じゅつ》の
全《すべ》てを知《し》り 扱《あつか》う
プロフェッサーと
呼《よ》ばれたあなたが…
あまり
ガッカリ
させないで
下《くだ》さいよ…
シュー
シュー
ボン
ハァ
ハァ

なるほど…蹴《け》られた際《さい》に起爆札《きばくふだ》を
フフ…でも無駄《むだ》ですね…
ズズズズ
ズズズ
ズズッ
やはり…穢土転生《えどてんせい》で縛《しば》られている魂《たましい》自体《じたい》をなんとかせねば…
意味《いみ》がないようじゃのう…
だいぶ息《いき》が…
上《あ》がってる様《よう》ですが………

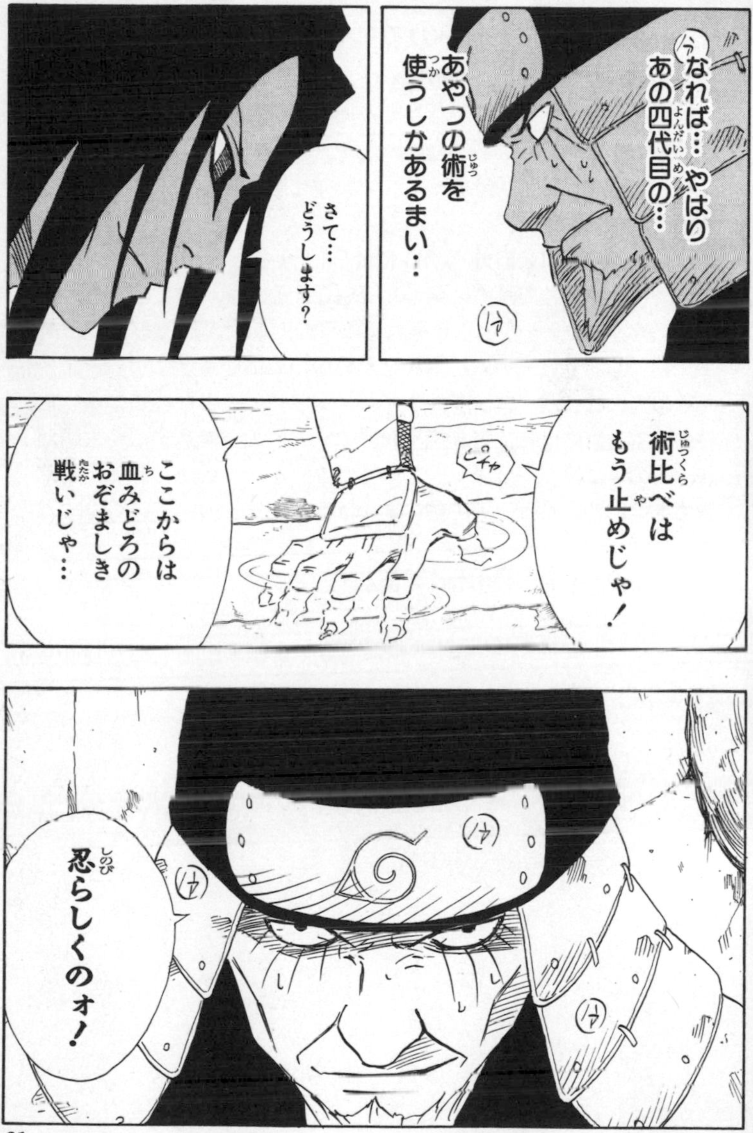
なれば…やはりあの四代目《よんだいめ》の…
あやつの術《じゅつ》を使《つか》うしかあるまい…
さて…どうします?
術比《じゅつくら》べはもう止《や》めじゃ!
ピチャ
ここからは血《ち》みどろのおぞましき戦《たたか》いじゃ…
忍《しのび》らしくのォ!

[岸本斉史《きしもとまさし》の世界《せかい》]

生《お》い立《た》ちヒストリー19のつづき

本当《ほんとう》のことを聞《き》くと、やっぱりヘコんだが、その友達《ともだち》以外《いがい》にも同《おな》じ質問《しつもん》を皆《みんな》にかたっぱしからしてみた。すると同《おな》じような答《こた》えが返《かえ》って来《き》たのである。

そして、あることが分《わ》かった。マンガを描《か》く要素《ようそ》は色々《いろいろ》あるが、一番大事《いちばんだいじ》な要素《ようそ》は…、

〝自分《じぶん》のマンガを自分《じぶん》で楽《たの》しく描《か》く。そして、それ以上《いじょう》に大切《たいせつ》なのは読者《どくしゃ》を意識《いしき》して読者《どくしゃ》に楽《たの》しんでもらえるよう…全《すべ》ては読者《どくしゃ》のために、読者《どくしゃ》の表情《ひょうじょう》を変化《へんか》させられるような、読者《どくしゃ》が読《よ》み終《お》わって「あー！○○○おもれー！」と言《い》わせたいがために描《か》く!!〟

そして、これが『エンターテインメント』だと少《すこ》しして分《わ》かった。確《たし》かにマンガにはマンガを描《か》くためのその他《ほか》の要素《ようそ》もすごく大切《たいせつ》だが、この「エンターテイナーでいくぜ!!」という気持《きも》ちを持《も》ってマンガを描《か》いていれば、その他《ほか》の要素《ようそ》は自然《しぜん》に身《み》に付《つ》いていくはずである。

まだまだボクも勉強中《べんきょうちゅう》なのである。

《ナンバー》121：恐《おそ》るべき実験《じっけん》…!!

三代目火影
穢土転生《えどてんせい》…
これは 大蛇丸《術者》を殺《ころ》したところで術《じゅつ》は解《と》けぬ…
なれば…初代様《しょだいさま》 二代目様《だいめさま》お許《ゆる》しくだされ…
スーッ
あの術《じゅつ》をかけまする

老《お》いましたね
アナタのそんな苦《くる》しそうな姿《すがた》は見《み》たことがない…
ククク…
何《なに》が…おかしい…
哀《あわ》れですね…
ズッ
かつて忍《しのび》の神《かみ》と謳《うた》われたアナタですら老《お》いには敵《かな》わぬ…
……!
!!
!

ブチィブチィ
え…!!?
何《なん》だ あれは… どうなってる…
何者《なにもの》だ…
あの若者《わかもの》は!?

……!!?
貴様《きさま》…
一体《いったい》 何者《なにもの》だ!?
ククク…
突然《とつぜん》すぎて理解《りかい》できませんか?
……
私《わたし》です
大蛇丸《オロチまる》ですよ
……!!
!!
どういう事《こと》だ…
あの三忍《さんにん》といえば齢《よわい》五十を とうに過《す》ぎているはず…
あの若《わか》さは…
それに あれは我々《われわれ》の知《し》る大蛇丸《オロチまる》の顔《かお》では無《な》い!!

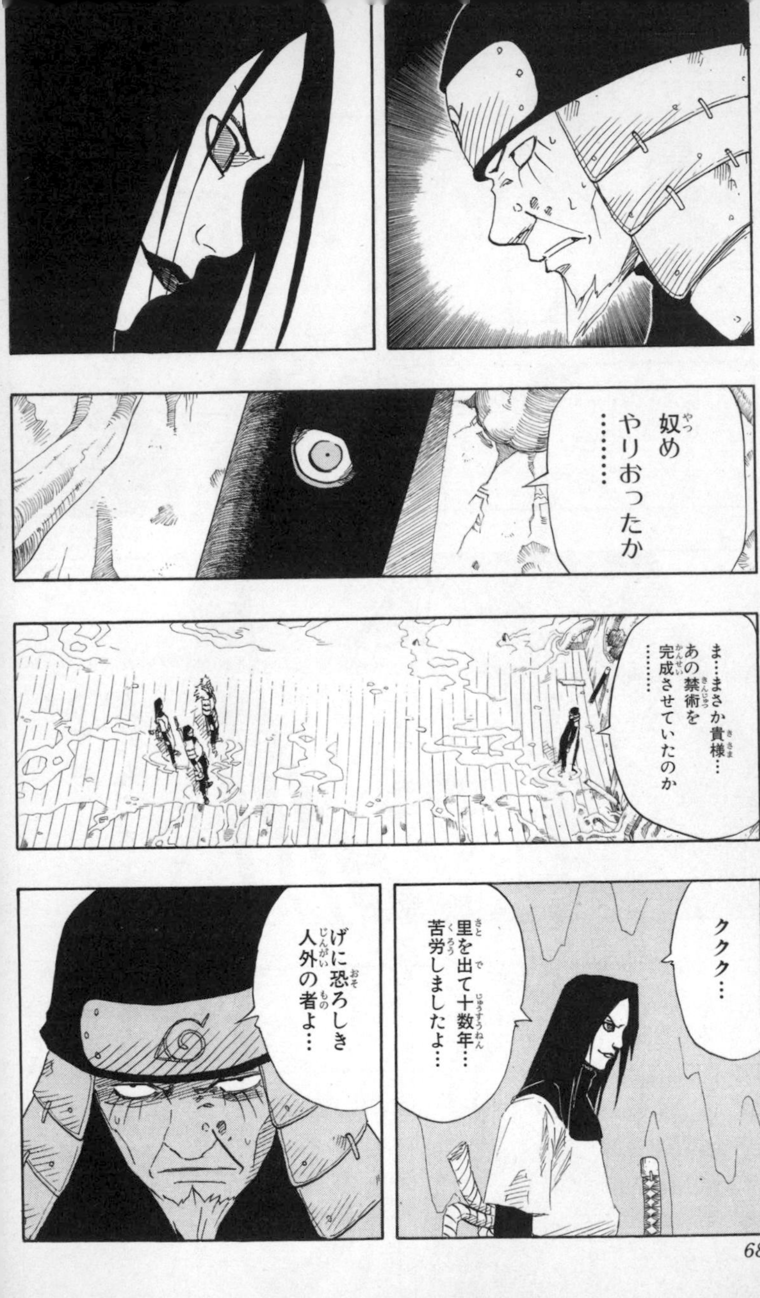
奴《やつ》め やりおったか……
ま…まさか貴様《きさま》… あの禁術《きんじゅつ》を完成《かんせい》させていたのか……
ククク…
里《さと》を出《で》て十数年《じゅうすうねん》… 苦労《くろう》しましたよ…
げに恐《おそ》ろしき人外《じんがい》の者《もの》よ…

ワシが貴様《きさま》を四代目《だいめ》に選《えら》べなかったのも…
その歪《ゆが》んだ思想《しそう》ゆえ…
バシャ
バシャ
バシャ
バシャ
スッ
バシャ
バシャ

グチョ
クチャ
スッ
スッ
スッ
クチャ
ズチャ
スッ
ガラ

クチャ…
グチャ
ズッ

フフフ…ついに見《み》つかってしまいましたね…
残念《ざんねん》です
大蛇丸《オロチまる》…
貴様《きさま》 これはどういうことだ!!?
近頃《ちかごろ》里《さと》の下忍《げにん》から中忍《ちゅうにん》果《は》ては暗部《あんぶ》の者《もの》でさえ行方不明者《ゆくえふめいしゃ》が続出《ぞくしゅつ》している…
さらに 最近《さいきん》アナタの様子《ようす》がおかしいという情報《じょうほう》がありましてね……
あれだけの罠《ブービートラップ》を仕掛《しか》けておいたのに…
と驚《おどろ》いたのですがなるほど…三代目《あなた》がたでしたか…
大蛇丸様《オロチまるさま》…アナタほどの忍《しのび》が何故《なぜ》 こんな…!!?
ククク…アナタも殺《ころ》してあげましょうか?
!

大蛇丸《オロチまる》!! やはり貴様《きさま》か…
言《い》え!! ここで何《なに》をやっていた!?
あ～～あ! バレちゃったんじゃネコをかぶってても…
しょうがないわね…
……術《じゅつ》の開発《かいはつ》ですよ!
大蛇《オロチ》……貴様《きさま》…
その為《ため》に人体実験《じんたいじっけん》を…
やはり禁術《きんじゅつ》か…
お前《まえ》は一体《いったい》何《なに》を望《のぞ》んでいる?

全《すべ》てですよ！
…全《すべ》てだと!?
全《すべ》ての術《じゅつ》を手《て》に入《い》れ この世《よ》の真理《しんり》を 全《すべ》て理解《りかい》する…
青色《あおいろ》と黄色《きいろ》を 初《はじ》めて混《ま》ぜた者《もの》は ………
そうして 出来《でき》た新《あたら》しい色《いろ》に 緑《みどり》と名《な》づけた
私《わたし》も それと 同《おな》じ事《こと》をしたい だけですよ…
青《あお》がチャクラならば 黄《き》が印《いん》 そして緑《みどり》が術《じゅつ》…
色彩《しきさい》に限《かぎ》りなく 種類《しゅるい》があるのと同様《どうよう》に 術《じゅつ》も 数千数万《すうせんすうまん》と この世《よ》にあろう…
けど ありとあらゆる全《すべ》ての 術《じゅつ》を… そして 真理《しんり》を この手《て》に入《い》れる為《ため》には 長《なが》い長《なが》い時間《じかん》が必要《ひつよう》 でね…
その長《なが》い年月《ねんげつ》を かけ 全《すべ》てを 知《し》り尽《つ》くした者《もの》こそ “究極《きゅうきょく》の個体《こたい》”と 呼《よ》ぶに相応《ふさわ》しい…

私《わたし》にとって肉体《にくたい》の寿命《じゅみょう》は短《みじか》すぎる儚《はかな》すぎる…
たとえ火影《ほかげ》と呼《よ》ばれようとも…死《し》ねば全《すべ》てはそこで終《お》わりですから…
大蛇丸《オロチまる》…
貴様《きさま》まさか　ここで実験《じっけん》している術《じゅつ》は…
そう…そのまさか…
…………
…………
「不老不死《ふろうふし》の術《じゅつ》」ですよ!

…………
この不死《ふし》の術《じゅつ》は自《みずか》らの精神《せいしん》を この地《ち》に永劫《えいごう》とどめる法《ほう》…
つまり新《あたら》しい肉体《にくたい》を見《み》つけその肉体《にくたい》に自《みずか》らの精神《せいしん》を入《い》れ込《こ》み乗《の》っ取《と》る転生術《てんせいじゅつ》…
クク…今《いま》まで 昔《むかし》の姿《すがた》を装《よそお》っていたのは…
先生《せんせい》に再会《さいかい》を懐《なつか》しんでもらおうと思《おも》ったからでして…
くっ…!
老《お》いとは…虚《むな》しいものですねェ…
アナタを見《み》ているとひしひしそう感《かん》じます…

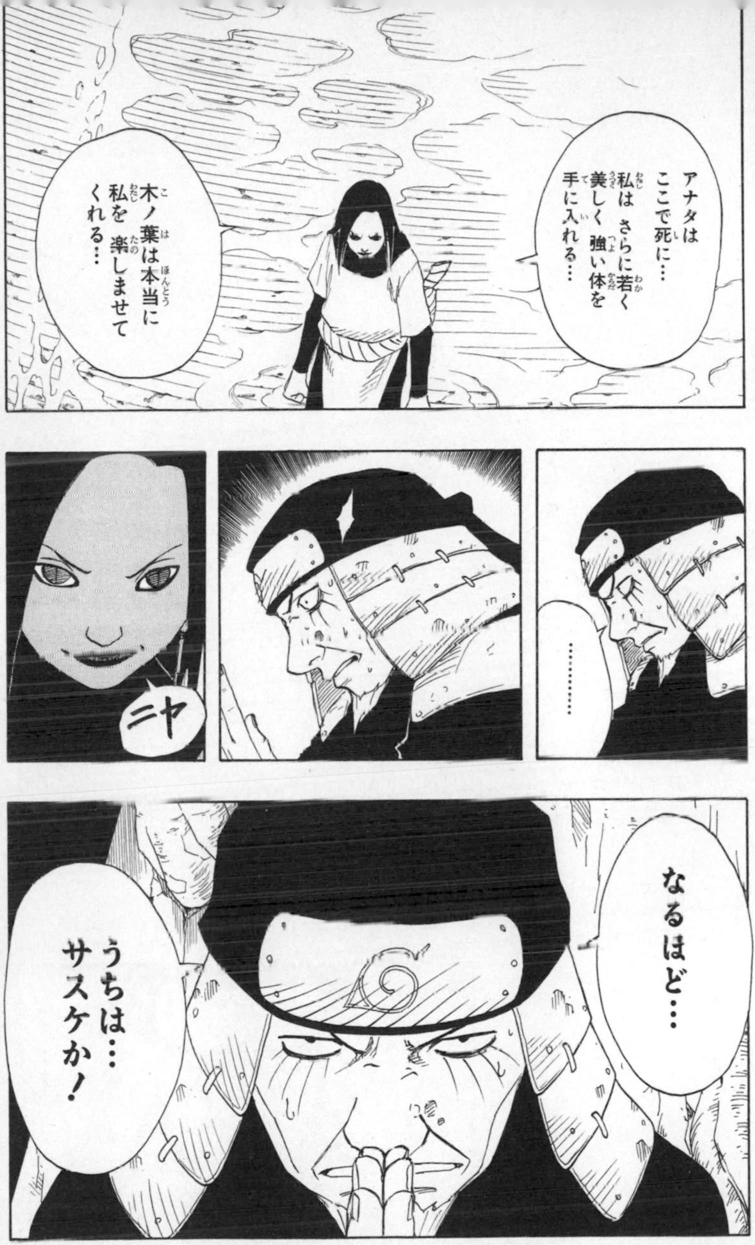
アナタは ここで死に… 私《わたし》は さらに若《わか》く 美《うつく》しく 強《つよ》い体《からだ》を 手《て》に入《い》れる…
木《こ》ノ葉《は》は本当《ほんとう》に 私《わたし》を 楽《たの》しませて くれる…
…………
ニヤ
なるほど…
うちは…サスケか!

《ナンバー》122：
受《う》け継《つ》がれゆく意《い》志《し》!!

そう…その通《とお》り…
サスケくんですよ…
…………
三代目火影
他者《たしゃ》の体《からだ》を奪《うば》い精神《せいしん》を不死化《ふしか》させる転生術《てんせいじゅつ》か…
一体《いったい》 その顔《かお》…その体《からだ》…何人目《なんにんめ》じゃ?
…二人目《ふたりめ》ですかねぇ…
サスケくんは もう少《すこ》し私好《わたしごの》みに育《そだ》ててから乗《の》っ取《と》るつもりですが…クク……

くっ…
スッ
フフフ…
でもアナタに御自分《ごじぶん》の生涯《しょうがい》を悔《く》い運命《うんめい》を呪《のろ》いながら逝《い》ってもらうには…
パッ
スッ
やはり この顔《かお》がいいですかねぇ…
…………
バケモノめ!

!!
火《ほ》影様《かげさま》!!!

ククク…気《き》を抜《ぬ》いちゃダメですよ…先生《せんせい》ェ！
アナタはいつでも甘《あま》過ぎるんですよ
ポタタ‥
さっきからどうした
お前《まえ》らしくもねェ…
…すまぬ…
………

三代目火影
ズッ
ジャリィ

悪意《あくい》と野望《やぼう》を秘《ひ》めた瞳《ひとみ》…
そういう素養《そよう》があったのは…
気付《きづ》いておった…
気付《きづ》いていて知《し》らぬふりをしてきた…
まだ戦乱《せんらん》の時代《じだい》に…強く才能《さいのう》に満《み》ち溢《あふ》れた天才《てんさい》…
まさしく数十年《すうじゅうねん》に一人《ひとり》の逸材《いつざい》だったから…
自分《じぶん》の意志《いし》と力《ちから》を受《う》け継いでくれる存在《そんざい》…
そう思《おも》いたかった
そして そのワシの甘《あま》さが あの時《とき》…
そして現在《いま》の状況《じょうきょう》を作《つく》った…

殺《ころ》すんですか？
この私《わたし》を…
出来《でき》ますかねェ…
アナタに…
スッ
猿飛先生《さるとびせんせい》…

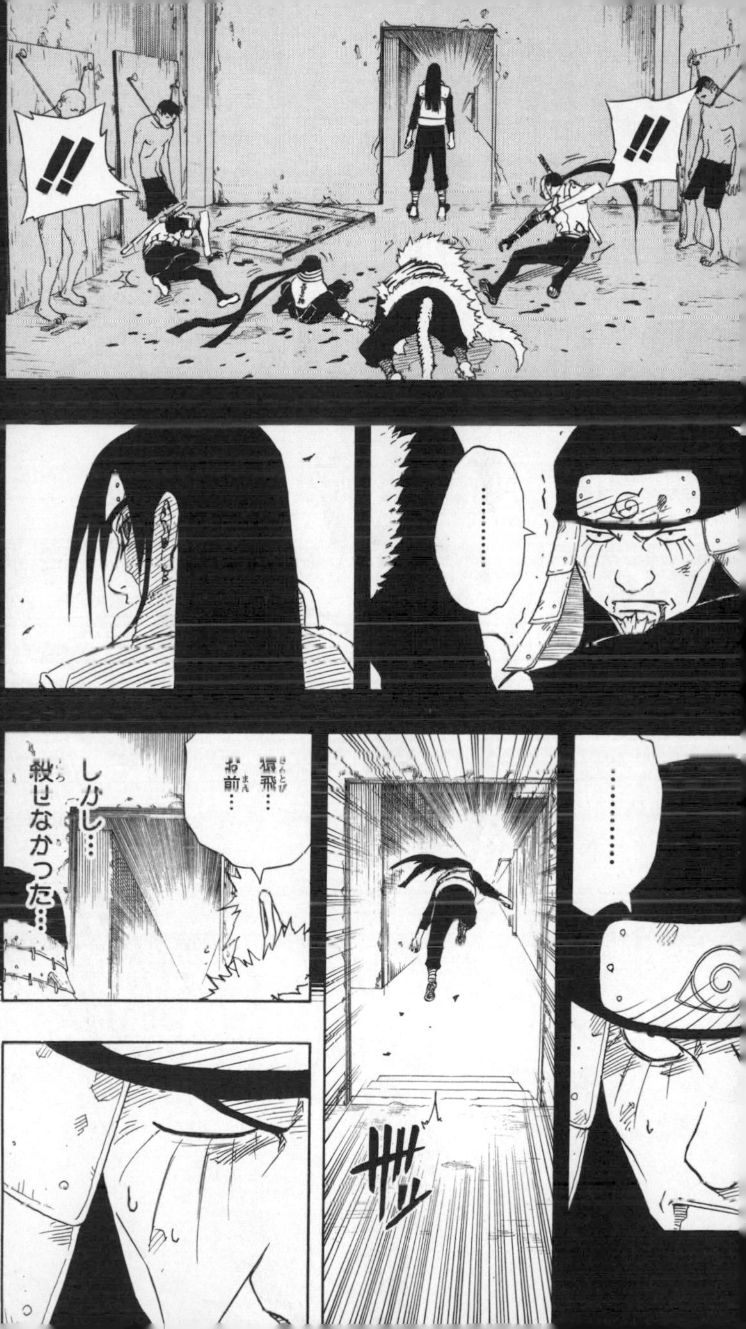
!!
!!
……
……
ザッ
猿飛《さるとび》……お前《まえ》……
しかし……殺《ころ》せなかった……

貴様《きさま》を葬《ほうむ》り
かつての過《あやま》ちを
今《いま》正《ただ》そう!!
ピクッ
!
ガッ
行《い》くぞ!
ボボボン
ザザッ
もう…
遅《おそ》過《す》ぎるのですよ
!!
ザザッ

ザン
ザン!!
影《かげ》分《ぶん》身《しん》の術《じゅつ》!!
!
馬鹿《ばか》な…
何故《なぜ》 影分身《かげぶんしん》を…!!
フッ…
やはり アナタは
老《お》いた…
焦《あせ》りで 自《みずか》らの寿命《じゅみょう》を
縮《ちぢ》めようとは…
!!
ま… まさか
お前《まえ》…!!
ザッ

巳
亥
未
卯
戌
子
酉
午
巳
……あの印《いん》の順《じゅん》……
やはり猿飛《さるとび》め……
あの術《じゅつ》を……!!

ドン
これが四代目《だいめ》の言《い》っていたこの術《じゅつ》と契約《けいやく》した者《もの》のみが見《み》えるという死神《しにがみ》か…

もう 何《なに》を やっても遅《おそ》い… 私《わたし》の勝《か》ちです
木《こ》ノ葉《は》は 滅《ほろ》びるのよ！
木《こ》ノ葉《は》の里《さと》は ワシの住《す》む家《いえ》じゃ！
火影《ほかげ》とは その家《いえ》の大黒柱《だいこくばしら》として 家《いえ》を守《まも》り 立《た》ち続《つづ》ける存在《そんざい》！
それは 木《こ》ノ葉《は》の意志《いし》を 受《う》け継《つ》ぎ 託《たく》す者《もの》… 簡単《かんたん》にはゆかぬぞ！
幻術《げんじゅつ》 黒暗行《こくあんぎょう》の術《じゅつ》!!
ズズズッ
！

くだらぬ戯《ざ》れ言《ごと》だ…
アナタは 木《こ》ノ葉《は》という
組織《そしき》の歴史《れきし》の中《なか》の
一時《いっとき》の頭《かしら》にすぎない
ぐっ
ザザッ
残《のこ》された
顔岩《かおいわ》とて
やがて 風化《ふうか》し
朽《く》ちていく
!!
フン…
木《こ》ノ葉《は》の里《さと》は
ワシにとって ただの
組織《そしき》ではない…
グッ…
…………

この木《こ》ノ葉《は》の里《さと》には毎年《まいねん》 多《おお》くの忍《しのび》が生《う》まれ 育《そだ》ち…
生《い》き…戦《たたか》い……
里《さと》を守《まも》るため… そして
大切《たいせつ》なものを守《まも》るため
死《し》んでいく…
そんな里《さと》の者達《ものたち》はたとえ 血《ち》の繋《つな》がりがなくとも…

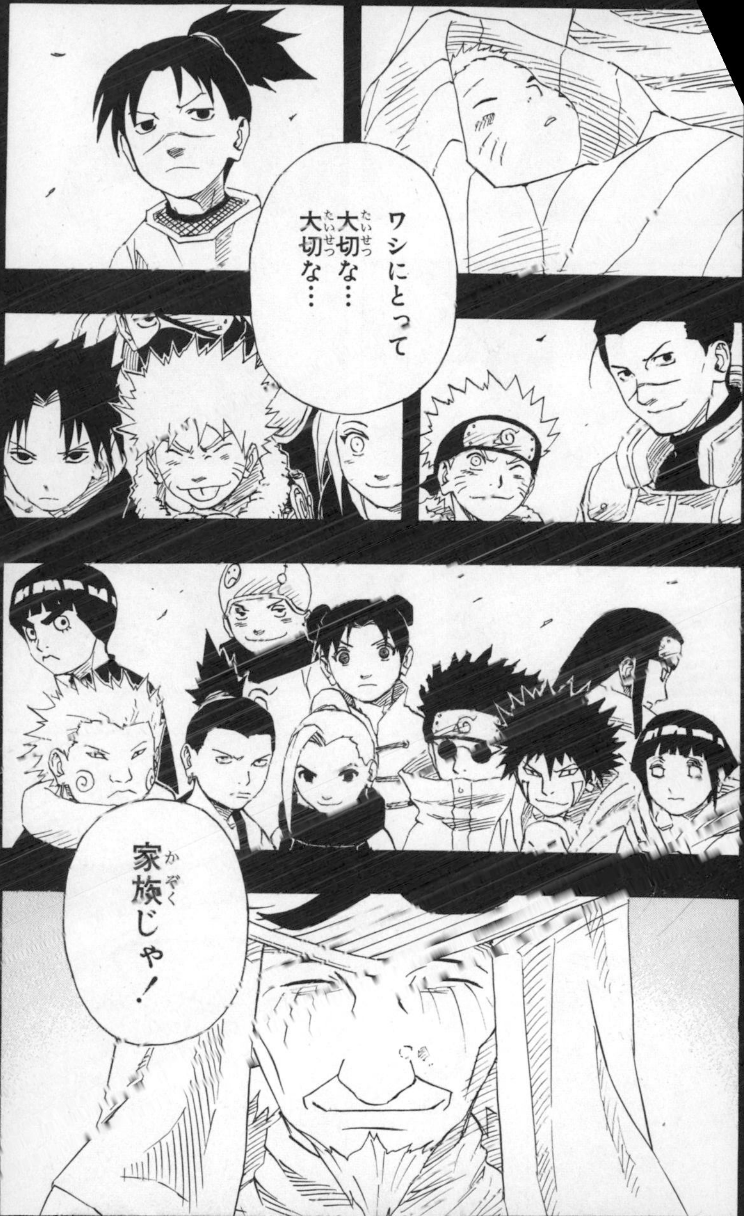
ワシにとって大切《たいせつ》な…大切《たいせつ》な…
家族《かぞく》じゃ!

ククク… ならば その柱《はしら》 アナタを叩《たた》き折《お》り………
木《こ》ノ葉《は》の家《いえ》を崩《くず》してさしあげましょう
フン！ たとえ ワシを殺《ころ》したとしても その柱《はしら》は折《お》れはせぬ!!
ワシは初代様《しょだいさま》 二代目様《だいめさま》の木《こ》ノ葉《は》の意志《いし》を受《う》け継《つ》いだ男《おとこ》
三代目《だいめ》 火影《ほかげ》じゃ!!!
お前《まえ》がこの木《こ》ノ葉《は》隠《がく》れの里《さと》をいくら狙《ねら》おうと…

ワシの意志《いし》を
受《う》け継《つ》ぐ 新《あら》たな
火影《ほかげ》が柱《はしら》となりて
木《こ》ノ葉《は》の家《いえ》を
守《まも》る!!
のう…
四代目《だいめ》よ…
大蛇丸《オロチまる》!!
これから お前《まえ》も知《し》らぬ
とっておきの術《じゅつ》を
披露《ひろう》してやる
くらえ 封印術《ふういんじゅつ》・
屍鬼封尽《しきふうじん》!!

ニヤ

《ナンバー》123：最後《さいご》の封印《ふういん》

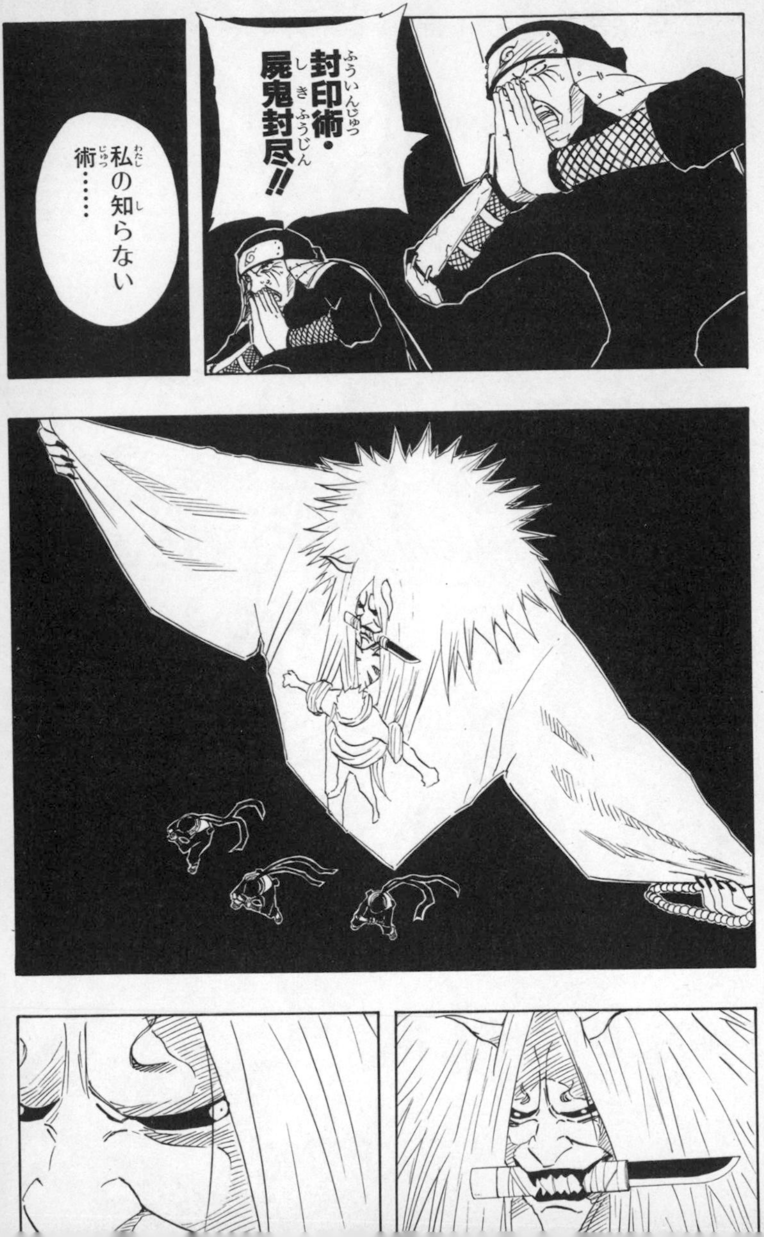
封印術《ふういんじゅつ》・屍鬼封尽《しきふうじん》!!
私《わたし》の知《し》らない術《じゅつ》……

チャリ
急《いそ》がねば…
この暗闇《くらやみ》は
危険《きけん》じゃ…
見《み》せてもらいましょう
その術《じゅつ》とやらを……
!!
くっ…
ガッ
ガッ
ガッ
ガッ
ぐっ!!
ドガッ

!!
どうしたんですか…
このまま 先代達《せんだいたち》に
なぶり殺《ころ》される
おつもりですか？
ぐっ…
早《はや》く その術《じゅつ》を
披露《ひろう》して下《くだ》さいよ
ガッ
まだか…

チャリ
チャリ
チャリ
ググ
ズガ

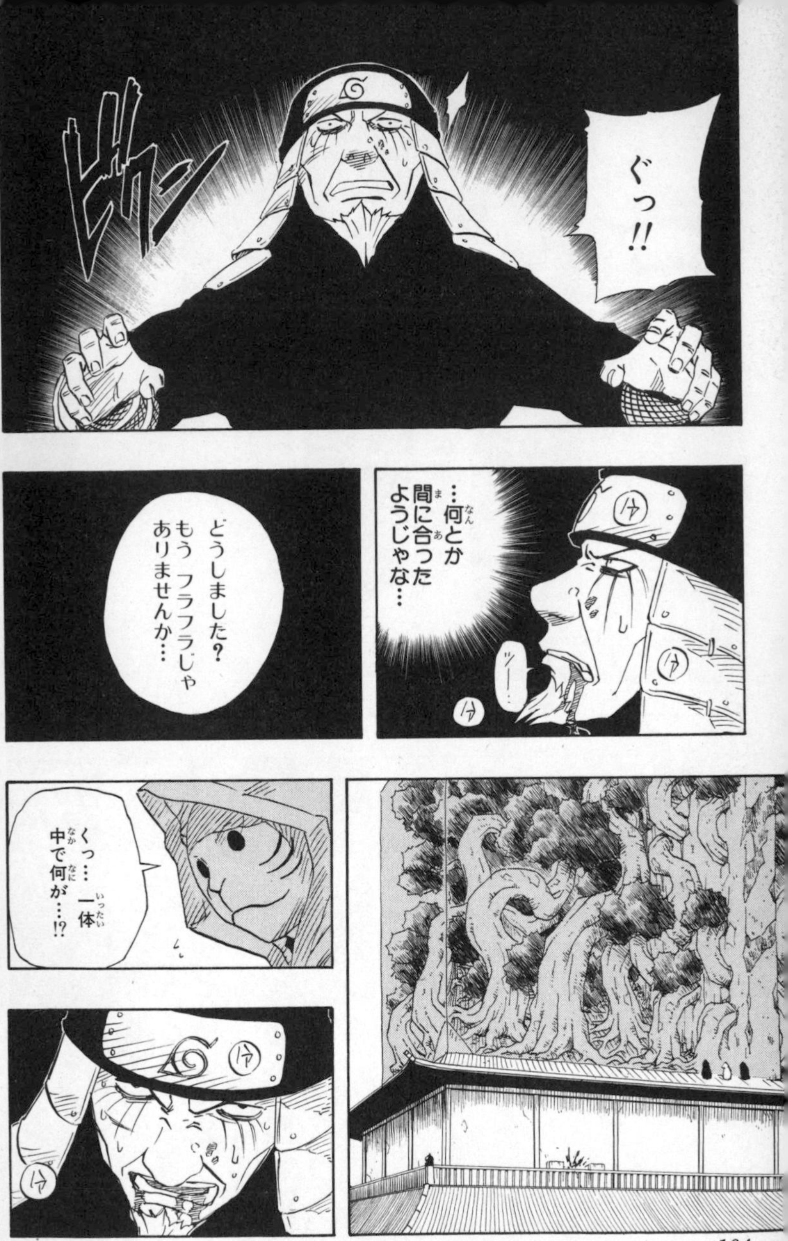
ビクン
ぐっ!!
…何《なん》とか間《ま》に合《あ》ったようじゃな…
ツー…
どうしました?もう フラフラじゃありませんか…
くっ…一体《いったい》中《なか》で何《なに》が…!?

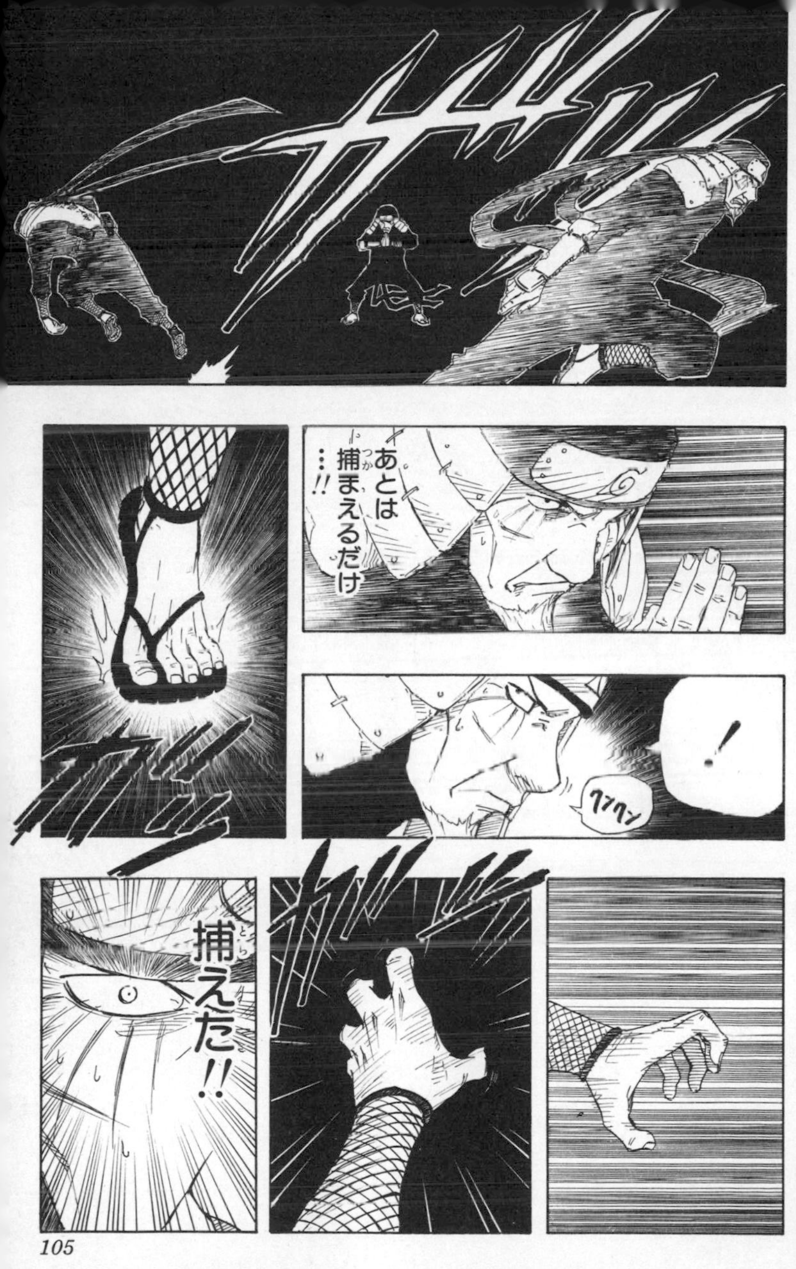
あとは捕《つか》まえるだけ…!!
!
クンクン
捕《とら》えた!!

ガリッ
ぐっ…
………
ググッ
放《はな》さぬっ……!!
出《い》でよ!

ズズズ
ズオッ
ぐっ!!
火影
ズブブブ!!
ズズズズズ

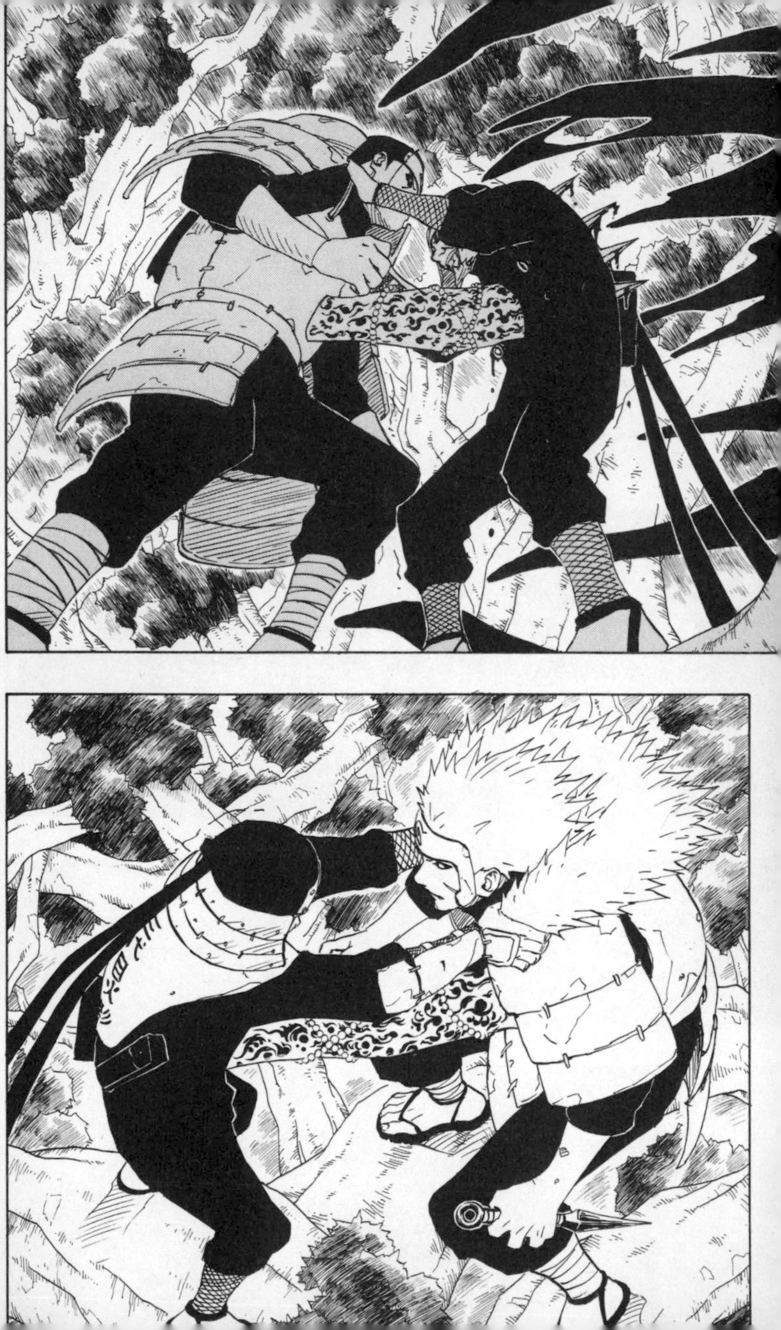

……!!
闇《やみ》が…消《き》えた
何《なん》だ
この術《じゅつ》は!?
猿《さる》飛《とび》!!
ググッ
すまぬ…
猿《さる》飛《とび》よ…
世《せ》話《わ》を
かけたな…
お許《ゆる》し
下《くだ》され…
初《しょ》代《だい》様《さま》!
二代《だい》目《め》様《さま》!

ズポ
封印《ふういん》!!
ズ
ぐっ!!
くっ!!

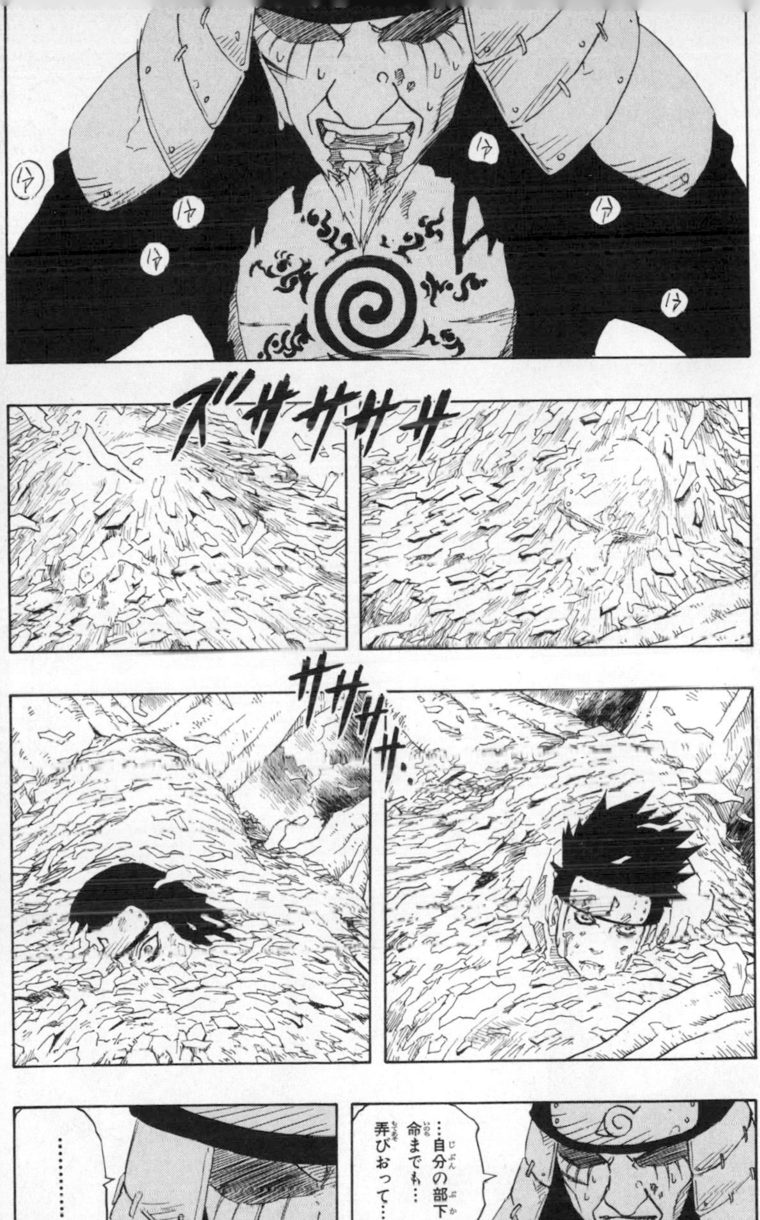
ハァ
ハァ
ハァ
ハァ
ハァ
ハァ
ズザザザザ
ザザザザ
……自分《じぶん》の部下《ぶか》の
命《いのち》までも……
弄《もてあそ》びおって……
………

木《こ》ノ葉《は》の同胞《どうほう》は オレの体《からだ》の 一部《いちぶ》一部《いちぶ》だ…
里《さと》の者《もの》はオレを 信《しん》じ オレは皆《みな》を 信《しん》じる… それが火影《ほかげ》だ…！
サルよ… 里《さと》を慕《した》い 貴様《きさま》を 信《しん》じる者達《ものたち》を守《まも》れ そして育《そだ》てるのだ 次《つぎ》の時代《じだい》を託《たく》す事《こと》 のできる者《もの》を…
明日《あす》からは 貴様《きさま》が…
火影《ほかげ》だ…!!
…部下《ぶか》の命《いのち》？ いつまでも 下《くだ》らぬ事《こと》を…!!

ボン
ボン
来《こ》い！
猿魔《えんま》!!
三代目火影

カッ
キーン
ガッガッガッガッ
ガッ

キーーン
シュルルルル
潜影蛇手《せんえいじゃしゅ》!!
くそ!この!!
!!
ズッ
ガブッ

終《お》わりじゃ!!
くっ!
ググッ
くっ…
何《なん》なの…この感覚《かんかく》…
!!
く…マズい…

クイッ
死《し》ね!!
ズズッ

[岸本斉史《きしもとまさし》の世界《せかい》]

生《お》い立《た》ちヒストリー20

大学《だいがく》3年《ねん》になる頃《ころ》に映画《えいが》をよく見《み》るようになった。映画《えいが》は色々《いろいろ》とマンガに通《つう》じるものがあるので参考《さんこう》になるのである。

そのためか、どんどんレンタルビデオで映画《えいが》を借《か》りて見《み》るようになり、毎日《まいにち》1本《ぽん》は見《み》るようになった。そのうちレンタルビデオでは飽《あ》き足《た》らず、新作映画《しんさくえいが》を映画館《えいがかん》に見《み》に行《い》くようにもなった。そんなある日《ひ》、世間《せけん》では、ブラッド・ピット、モーガン・フリーマンの『セブン』が噂《うわさ》になっていた。96年興収成績第《ねんこうしゆうせいせきだい》2位《い》の大《だい》ヒット作《さく》である。七つの大罪《だいざい》にちなんだサイコ・サスペンスというお題目《だいもく》はボクのテンションをかなり上《あ》げてくれた。「これは即《そく》！　映画館《えいがかん》じゃ！」と意気込《いきご》みは増《ま》すばかり！　前髪《まえがみ》が伸《の》びていて、映画《えいが》のスクリーンが見《み》づらいだろうからとわざわざ美容室《びようしつ》にまで行《い》く始末《しまつ》であった。

…しかし!!　その美容室《びようしつ》で恐《おそ》ろしい事《じ》件《けん》が起《お》こることをこの時《とき》、岸本《きしもと》はまだ気付《きづ》いていなかったのである!!

チャラリラリ〜〜〜〜〜ン!!!

（ミステリーサスペンス風《ふう》に引《ひ》っぱります…。138ページに急《いそ》げ！）

《ナンバー》124：永遠《えいえん》なる闘《たたか》い…!!

ナンバー124：
永《えい》遠《えん》なる闘《たたか》い…!!
ゴホッ

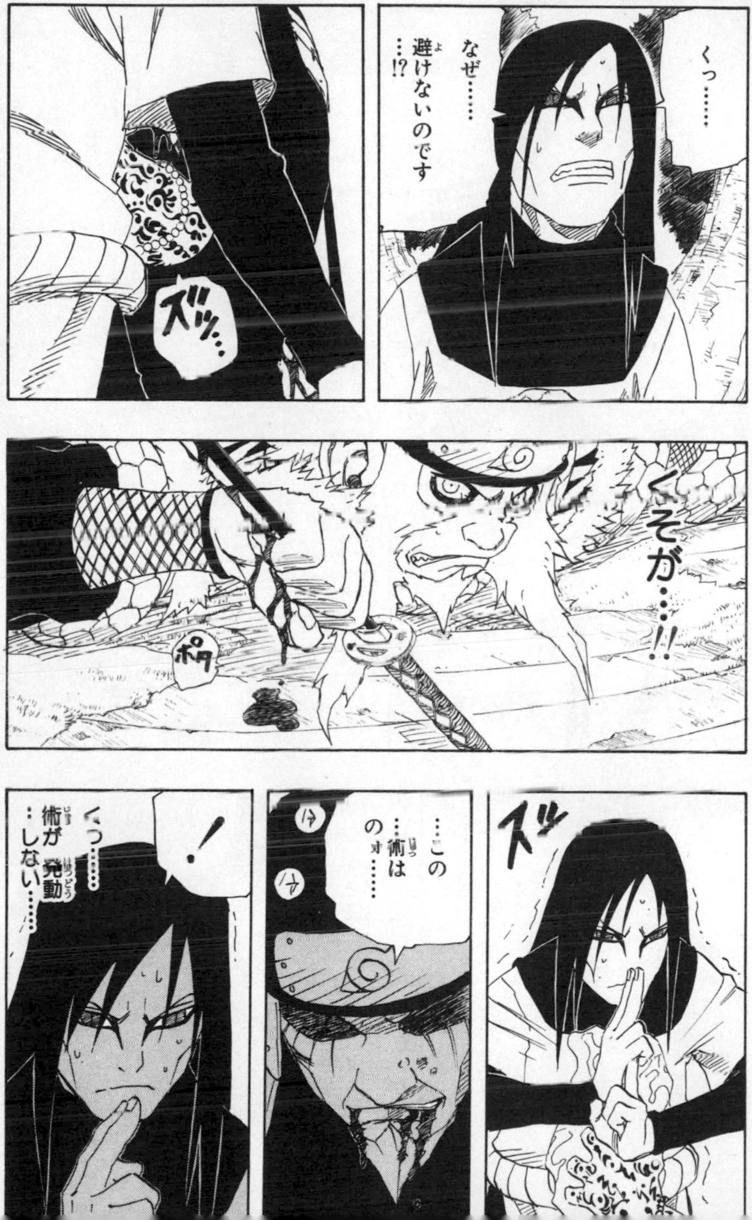
くっ……
なぜ……
避《よ》けないのです
……!?
ズッ…
くそが……!!
ポタ
ズッ
……この
……術《じゅつ》は
のォ……
ハァ
ハァ
!
くっ……
術《じゅつ》が発動《はつどう》
……しない……

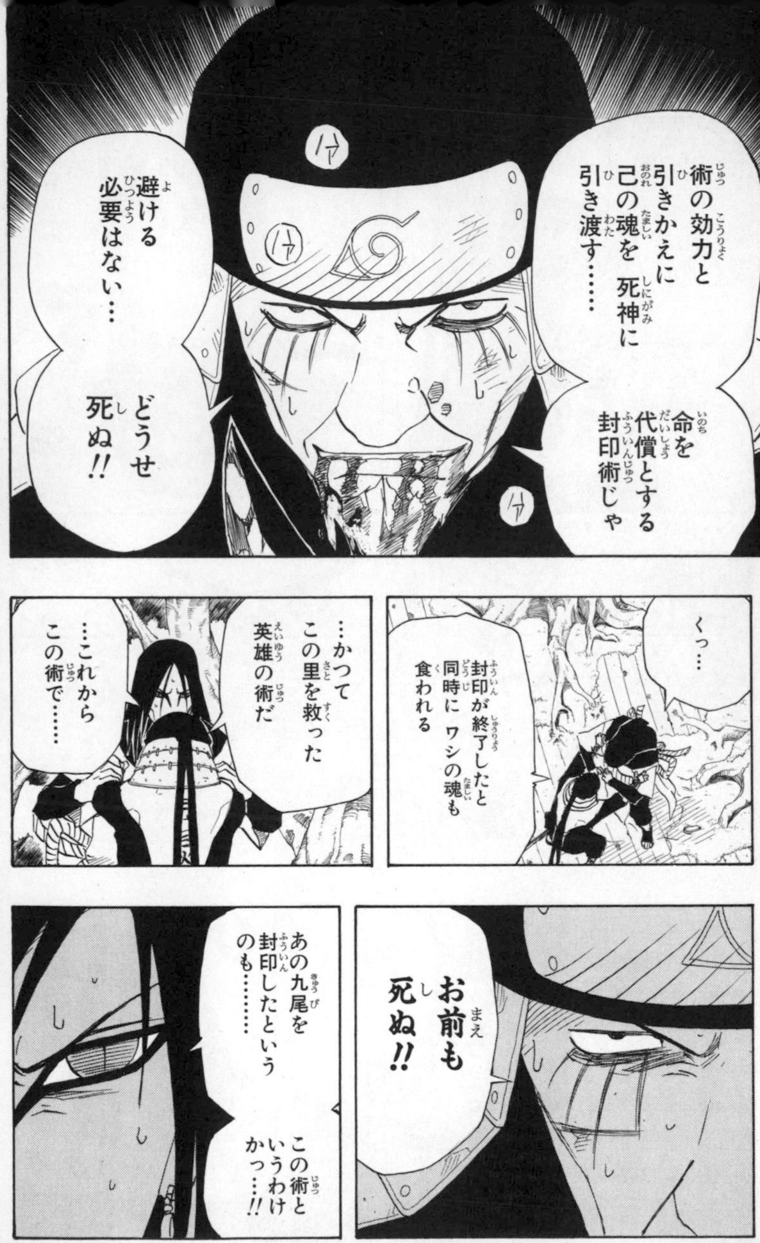
術《じゅつ》の効力《こうりょく》と引《ひ》きかえに己《おのれ》の魂《たましい》を 死神《しにがみ》に引《ひ》き渡《わた》す……
命《いのち》を代償《だいしょう》とする封印術《ふういんじゅつ》じゃ
避《よ》ける必要《ひつよう》はない…
どうせ死《し》ぬ!!
くっ…
封印《ふういん》が終了《しゅうりょう》したと同時《どうじ》に ワシの魂《たましい》も食《く》われる
…かつてこの里《さと》を救《すく》った英雄《えいゆう》の術《じゅつ》だ
…これからこの術《じゅつ》で……
お前《まえ》も死《し》ぬ!!
あの九尾《きゅうび》を封印《ふういん》したというのも………
この術《じゅつ》というわけかっ…!!

ああ…これから お前《まえ》の体《からだ》から 魂《たましい》を引《ひ》きずり出《だ》し……
封印《ふういん》する…！
……!!
体《からだ》が言《い》う事《こと》をきかない…
ズズ
お前《まえ》にも…そろそろ見《み》えるじゃろう…
…お前《まえ》の魂《たましい》ももう 半分《はんぶん》ほど抜《ぬ》け出《で》ているからのォ……
この術《じゅつ》によって…魂《たましい》を封印《ふういん》された者《もの》は……
永劫《えいごう》 成仏《じょうぶつ》することなく
死神《しにがみ》の腹《はら》の中《なか》で苦《くる》しみ続《つづ》ける……
封印《ふういん》した者《もの》とされた者《もの》…
お互《たが》いの魂《たましい》が絡《から》み合《あ》い憎《にく》しみ合《あ》って永遠《えいえん》に闘《たたか》い続《つづ》けるのじゃ……

スッ
何《なん》だ…!!?
ズオオオ

ウオオオ
スッ
ズ
パ
ガブッ
ウギャアァアア!!!
これが…死神《しにがみ》…!?
ウォオオオ
モグモグ
ふざけるな!!
この老《お》いぼれが…貴様《きさま》の思《おも》い通《どお》りにはさせぬ

!
ズズズ
グイ
さっさと……
…死《し》ねェ……
ゴホッ
ズズーン
佐々木屋
佐
いさお屋

ズズズズ
ズズッ
キシャーー
くっ…
手《て》に負《お》えん!!
忍法《にんぽう》・
口寄《くちよ》せ!!
屋台崩《やたいくず》し
の術《じゅつ》!!!
!!

カバッ
ズン
ゴウ
この…術《じゅつ》は…!!
久《ひさ》しぶりだのォ…イビキ…
ったく成長《せいちょう》したのはその図体《ずうたい》だけかァ!?見《み》ちゃられねーのォ!
…自来也様《じらいやさま》……!
自来也《じらいや》って…!あの三忍《さんにん》の!?

ヒヨっ子《こ》ども!!
その小《ちい》せー目《め》ェ根限《こんかぎ》り
開《あ》けて 良《よ》ーく拝《おが》んどけ
!!
有《あり》難《がた》や!!
異仙忍者《いせんにんじゃ》
自来也《じらいや》の!
天外魔境《てんがいまきょう》
暴《あば》れ舞《ま》い!!
ビクッ
ビクッ
蛙《かえる》に睨《にら》まれた
蛇《へび》どもが!!
おととい
来《き》やがれ!!

ついに始《はじ》めよったか…
大蛇《オロチ》丸《まる》の奴《ヤツ》め…
ザッ
三代《だい》目《め》は?
試験会場《しけんかいじょう》です!
……そうか
……死《し》ぬなよ……
……ジジィ

!
!!
チィ…!

逃《に》がしゃあしねーよ！
!!
サスケの動《うご》きが止《と》まった…
まだ少《すこ》し距離《きょり》はあるが…！
！
！
よし!!

！
なんだ この無数《むすう》の臭《にお》いのカタマリは …こりゃ…
拙者《せっしゃ》たち以外《いがい》にもサスケを追《お》っている者《もの》がおる！
何《なに》!?
敵《てき》なの!? 味方《みかた》なの!?
…分《わ》からん…
ただ…
人《ひと》じゃない！
!?

!
ザッ
テマリ 我愛羅《ガアラ》を連《つ》れて 先《さき》に行《い》け!
ああ…
………
ザッ
しょーがねーじゃん… お前《まえ》の相手《あいて》 オレが してやるよ!

いや…！ お前《まえ》の相手《あいて》は こっちだ…！
！
スッ
てめーは…
シノ…
なぜ お前《まえ》が ここに!?
スッ

お前《まえ》が会場《かいじょう》を
出《で》る前《まえ》に 蟲《むし》を使《つか》って
雌《メス》の蟲《むし》の臭《にお》いを
付《つ》けさせてもらった
ゴソゴソ
ゴソ
雌《メス》の臭《にお》いは
ほぼ 無臭《むしゅう》…
その雌《メス》の微《かす》かな臭《にお》いを
嗅《か》ぎつけるのは
同種《どうしゅ》の雄《オス》だけだ…
雄自身《オスじしん》の方《ほう》が
臭《にお》いは強《つよ》いがな…
ゴソゴソ
…くっ…！
うちはサスケ
…お前《まえ》は
我愛羅《ガアラ》を
追《お》え…
なぜなら
お前《まえ》と
奴《やつ》との勝負《しょうぶ》は
まだ
ついていない
からな
オレは
こいつと
やる……
…なぜなら
元々《もともと》 こいつの
相手《あいて》は オレ
だったからだ
フッ
……

[岸本斉史《きしもとまさし》の世界《せかい》]

生《お》い立《た》ちヒストリー20のつづき

前髪《まえがみ》を切《き》ろうと美容室《びようしつ》に行《い》き、カットのため席《せき》に座《すわ》る。頭《あたま》の中《なか》は…、(明日《あした》は『セブン』見《み》に行《い》くでェー／　七つの大罪《だいざい》って、どんなんじゃろー!?　監督《かんとく》はデビッド・フィンチャーじゃけん、結構《けつこう》、恐怖《きようふ》映像《えいぞう》はスゲーんだろーなぁ／　ベテラン刑事《けいじ》にモーガン・フリーマンで若手刑事《わかてけいじ》にブラッド・ピットとは、なんてうずく組《く》み合《あ》わせじゃ／　ドンデン返《がえ》し系《けい》らしいけど、どんなんかなぁ…)。もうワク♡ワク♡である。そして髪《かみ》を切《き》り始《はじ》めた頃《ころ》、ある女性《じよせい》がとなりの席《せき》にカットのためにやって来《き》た。その女性《じよせい》は「昨日《きのう》、デートをしたの」などと私事《わたくしごと》を美容師《びようし》となかよく話《はな》しながら自慢《じまん》していた。ボクは美《び》容師《ようし》と話《はな》すこともなく、ただ黙《だま》って寝《ね》たフリをしていた。そんなボクの耳《みみ》にとなりのやけに声《こえ》のデカイ女性《じよせい》はデートコースを話《はな》し始《はじ》めた。(うっぜェ〜)とか思《おも》ったが…、声《こえ》がデカイので嫌《いや》が応《おう》でも、その自慢話《じまんはなし》を聞《き》かされるハメになった。すると彼《かれ》と映画《えいが》に行《い》ったという話《はなし》になり、その時《とき》、観《み》た映画《えいが》は今《いま》、流行《はや》りの『セブン』だと言《い》う。（オレも明日《あした》、観《み》に行《い》くんだよなぁ…）と思《おも》っているのも束《つか》の間《ま》、なんと／　そのおしゃべり女《おんな》は『セブン』のストーリーを次々《つぎつぎ》と話《はな》し始《はじ》めたのだ!!　無論《むろん》、声《こえ》はデカイ!!　耳《みみ》をふさごうにもカットのため、手《て》はカバーの下《した》…!!　そして、その時《とき》、ボクはその女性《じよせい》にこう願《ねが》った…、

（たのむ！　オチだけは…オチだけは言《い》わんとってくれ〜〜〜〜〜〜っ!!!）。

「その箱《はこ》の中身《なかみ》はね。なんと…ブラピの奥《おく》さんの首《くび》が入《はい》ってたんよー／　そんでねェー／」

……言《い》いやがった…。

その次《つぎ》の日《ひ》、ボクは『セブン』を観《み》に行《い》くのをやめた…。(ビデオでえーわ…。話《はなし》、全部知《ぜんぶし》ってるし…)。その上《うえ》、前髪切《まえがみき》りすぎてサラリーマンみたいになった。

ナンバー125：目《め》覚《ざ》めの時《とき》…!!

ここは任《まか》せろ
行《い》け！
チィ
…えらい強気《つよき》だが…
大丈夫《だいじょうぶ》かよ？
心配《しんぱい》は要《い》らない…
10分《ぷん》もあればお前《まえ》の援護《えんご》に行《い》ってやる

フン…
その頃《ころ》には
こっちも終《お》わってる
スッ
ザッ
ククク…
！
そろいも
そろって
何《なに》も分《わ》かって
ねーじゃん！
この世《よ》の…
本当《ほんとう》の恐怖《きょうふ》
ってのを
知《し》らねーんだ
ろうなぁ
てめーらは…

では
その恐怖《きょうふ》
とやら
スッ
お前《まえ》が
教《おし》えて
くれるのか?
スッ
いやぁ…
クイ
オレを倒《たお》し
さっきの奴《やつ》を
追《お》えば
嫌《イヤ》でもな…
それが
出来《でき》れば の
話《はなし》だけどよ!
傀儡《くぐつ》の術《じゅつ》!!

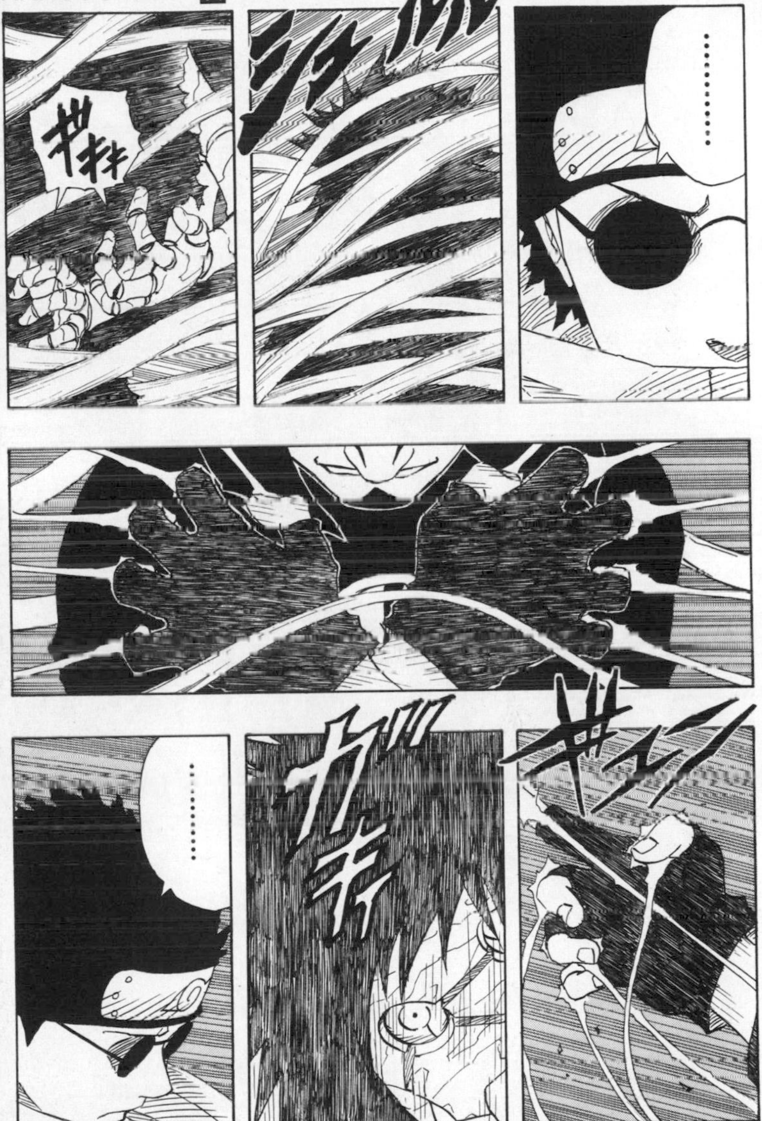
……
シュルルル
ギギギ
……

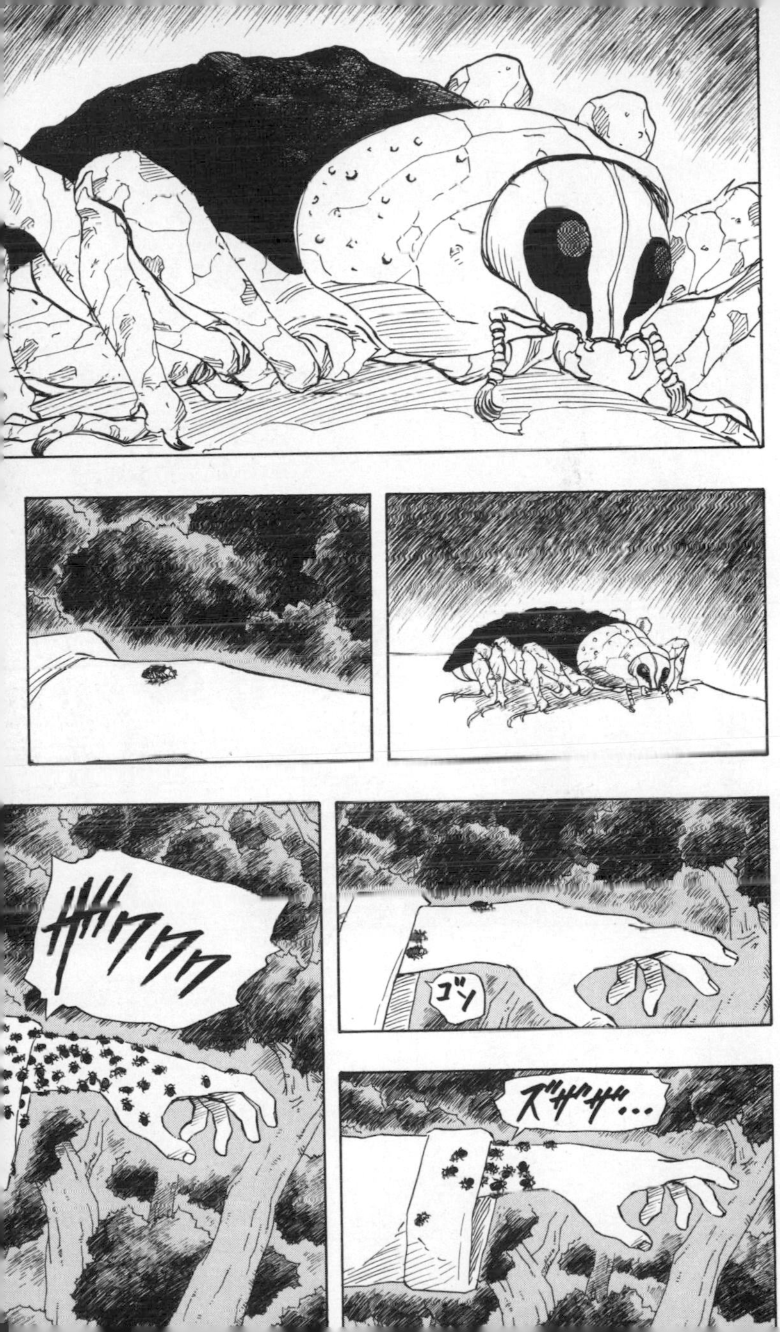
ゴソ
ザワワワ
ズザザ…

パキキ
ギュキキキ

オレは木《こ》ノ葉《は》の油《あぶら》女《め》一族《いちぞく》…
戦《たたか》う時《とき》は相手《あいて》が どんなチンケな虫《むし》であってもナメたりはしない…全力《ぜんりょく》で向《む》かう!
へっ…来《き》やがれ!
ピクッ
!

…降《お》ろせ
…テマリ…
気《き》が付《つ》いたのか
我愛羅《ガアラ》!
ザッ
ザッ
くっ!
ビクッ
………
もう…あの時《とき》から
我愛羅《ガアラ》の中《なか》で
奴《ヤツ》が
目覚《めざ》めてる…!
いつ 出《で》てくるか
分《わ》からない…
マズいな…
私《わたし》が一人《ひとり》の時《とき》に…
アレは
私《わたし》じゃあ
手《て》に負《お》えない…
!

……！
テマリ あっちへ 行《い》ってろ ……
スッ
えっ!?
!!
いいから 早《はや》く向《む》こうへ 行《い》け！
邪魔《じゃま》だ！
ガッ
グッ！
ドカッ

ヴッ……
…てめーら砂《すな》が何企《なにたくら》んでるかは知《し》らねーが……
お前《まえ》はオレが止《と》める!
くっ………
!
あれは…うちはサスケ…どういうことだ!?
それに……
じゃあカンクロウは……!?

お前《まえ》の正体《しょうたい》を見定《みさだ》める……
キキン
お前《まえ》の目的《もくてき》は何《なん》だ？
何《なん》の為《ため》に力《ちから》を求《もと》める？

…………
…………
…………
……
てめーには関係《かんけい》ねーことだ…
失《う》せろ…修業《しゅぎょう》の邪魔《じゃま》だ!!
っ
スッ

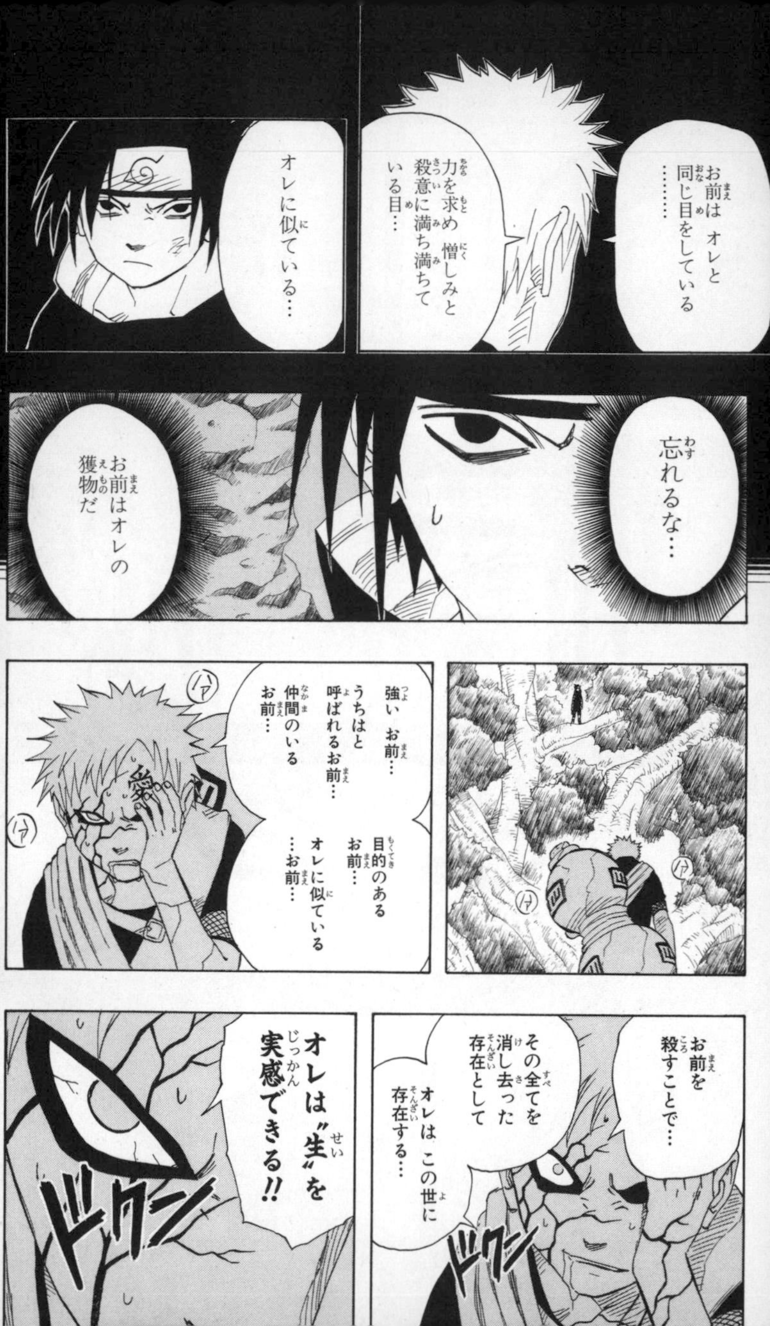

お前《まえ》は オレと 同《おな》じ目《め》をしている ……
力《ちから》を求《もと》め 憎《にく》しみと 殺意《さつい》に満《み》ち満《み》ちている目《め》…
オレに似《に》ている…
忘《わす》れるな…
お前《まえ》はオレの獲物《えもの》だ
ハァ
ハァ
強《つよ》い お前《まえ》… うちはと呼《よ》ばれるお前《まえ》… 仲間《なかま》のいる お前《まえ》…
目的《もくてき》のある お前《まえ》… オレに似《に》ている …お前《まえ》…
ハァ
ハァ
お前《まえ》を殺《ころ》すことで…
その全《すべ》てを 消《け》し去《さ》った 存在《そんざい》として
オレは この世《よ》に 存在《そんざい》する…
ドクン
オレは〝生《せい》〟を 実感《じっかん》できる!!
ドクン

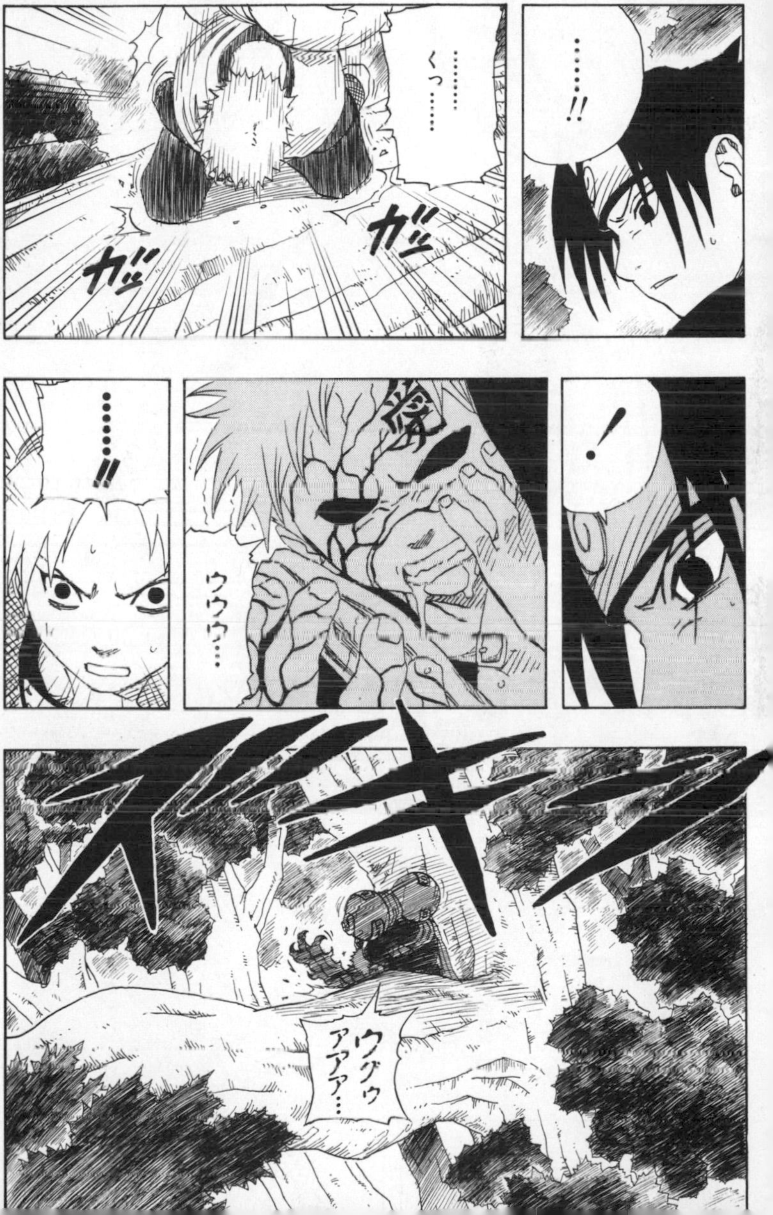
・・・・・・!!
………くっ……
ガッ
ガッ
!
ウウウ…
・・・・・・!!
ズキン
ウヴウ
アアア…

ぐヴウ…
愛
さあ…感《かん》じさせてくれ!!

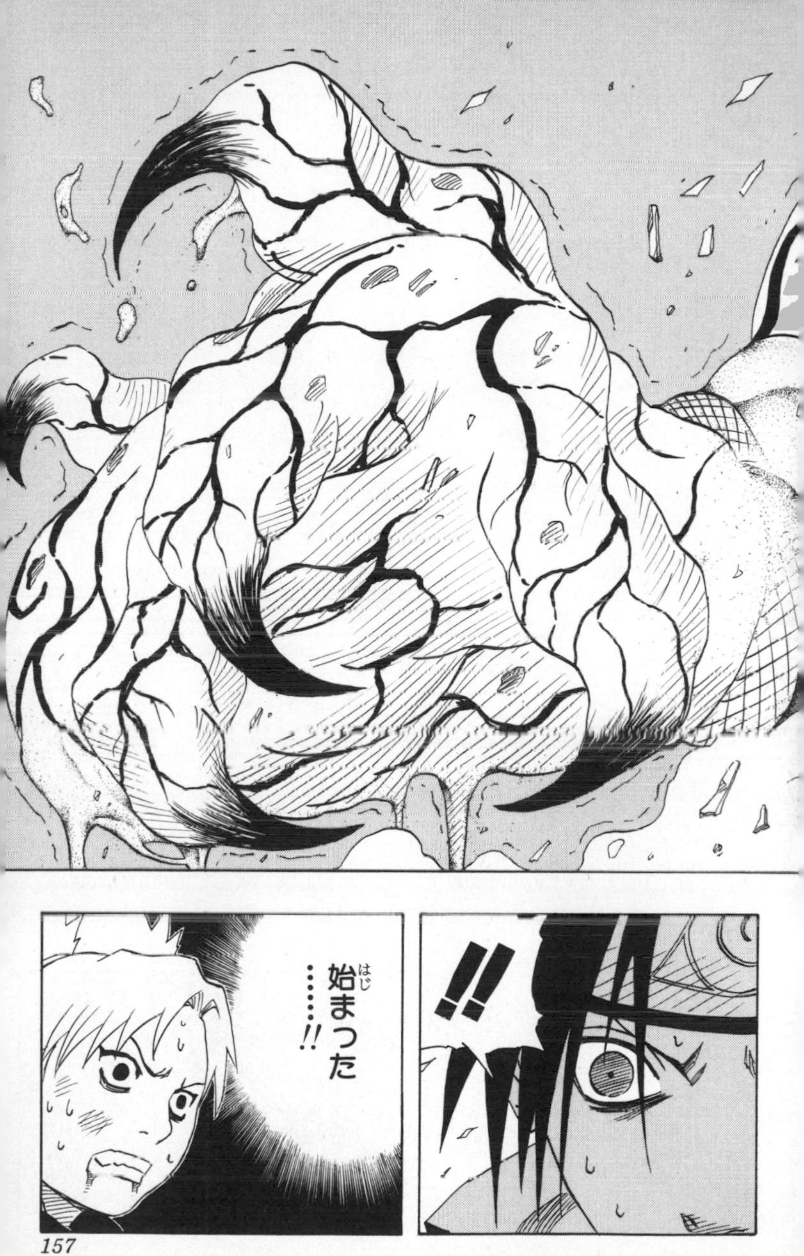
!!
始《はじ》まった……!!

《ナンバー》126：油断《ゆだん》…!!

カチャ
ギュン
カチャ
シュカッ!

ザッ
刃《は》に毒《どく》が……!?
!
ザザ
カシャ
クイ

ガ
ズズズ
ズワワワッ
蟲《むし》!?
!

!
ブン
!
……
蟲《むし》で分身《ぶんしん》作って
オレの後ろに回《まわ》り込《こ》むとはやるじゃんよ!
ザッ
お前《まえ》は人形《にんぎょう》を使《つか》う中《ちゅう》・遠距離《えんきょり》タイプだ
接近戦《せっきんせん》は苦手《にがて》と見《み》た
なぜなら人形《にんぎょう》の操作に集中《しゅうちゅう》しなければならないその傀儡の術《じゅつ》とやらは!
術者自体《じゅつしゃじたい》に隙《スキ》が生《しょう》じやすいからな…

よく分《わ》かってんじゃんよ…！傀儡師《くぐつし》の弱点《じゃくてん》をよ！
だがな こっから この忍術《にんじゅつ》の本来《ほんらい》の戦《たたか》い方《かた》ってのを 教《おし》えてやるじゃんよ！
この戦術人形《せんじゅつカラクリ》「カラス」の恐《おそ》ろしさをよ！
カチャ
！
ドシュ
ボン

!
…これは毒煙玉《どくけむりだま》…!!
少《すこ》し吸《す》い込《こ》んだか……
ボフッ
クラッ
……!
ザッ
なるほど… そして 術者《じゅっしゃ》は身《み》を潜《ひそ》めるか…

カチャ
………

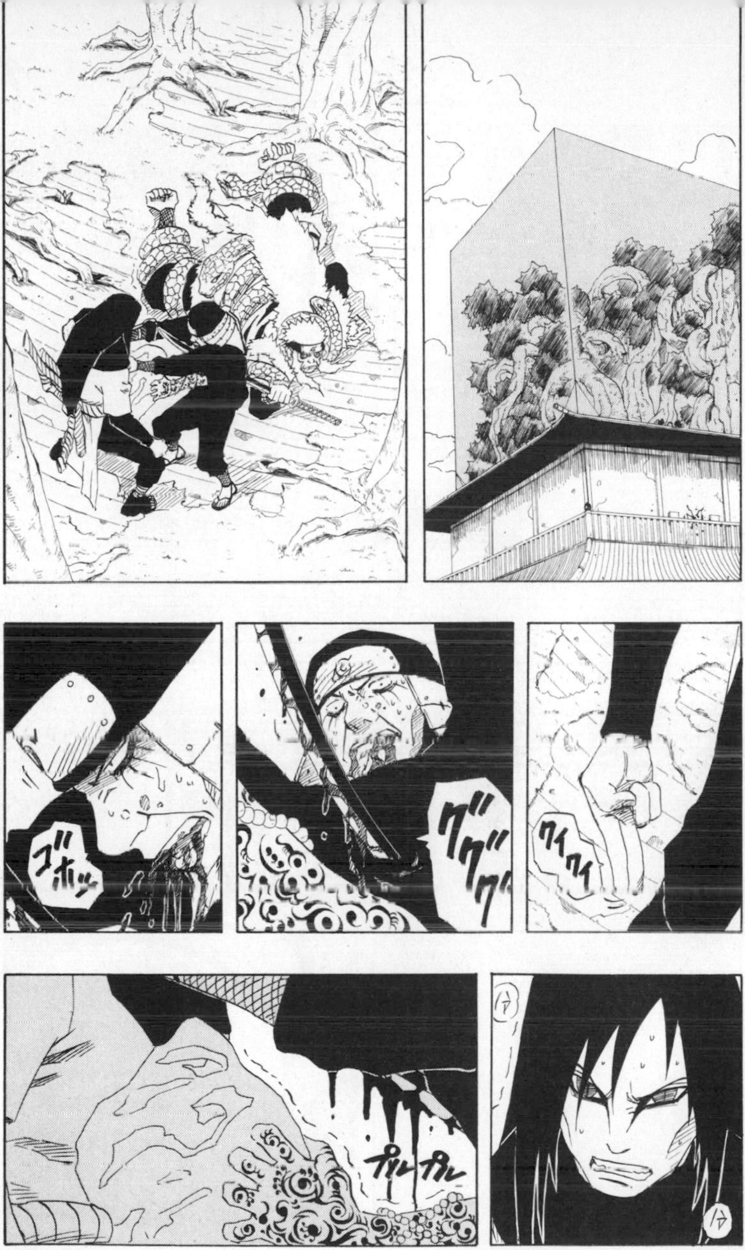
ワイワイ
グググ
ゴボッ
ハァ
ハァ
プルプル

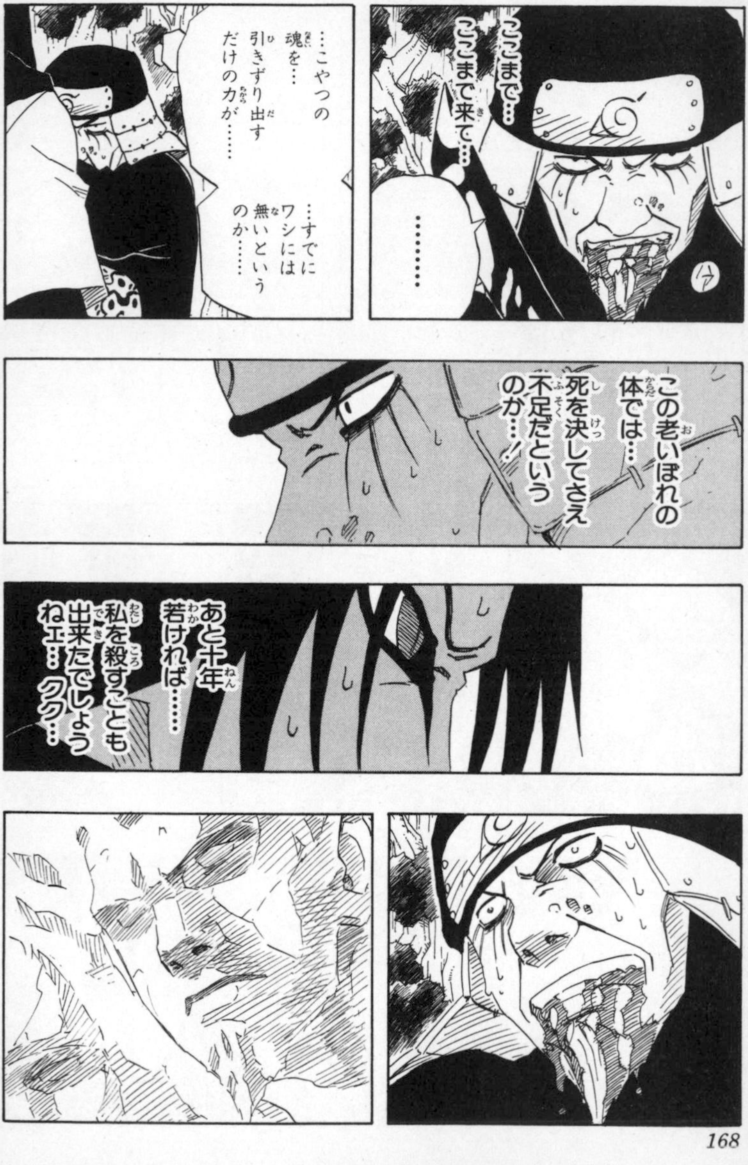
ここまで…
ここまで来《き》て……
……
…こやつの
魂を…
引《ひ》きずり出《だ》す
だけの力《ちから》が……
…すでに
ワシには
無《な》いという
のか……
この老《お》いぼれの
体《からだ》では…
死《し》を決《けっ》してさえ
不足《ふそく》だという
のか…!
あと十年《ねん》
若《わか》ければ……
私《わたし》を殺《ころ》すことも
出来《でき》たでしょう
ねェ… クク…

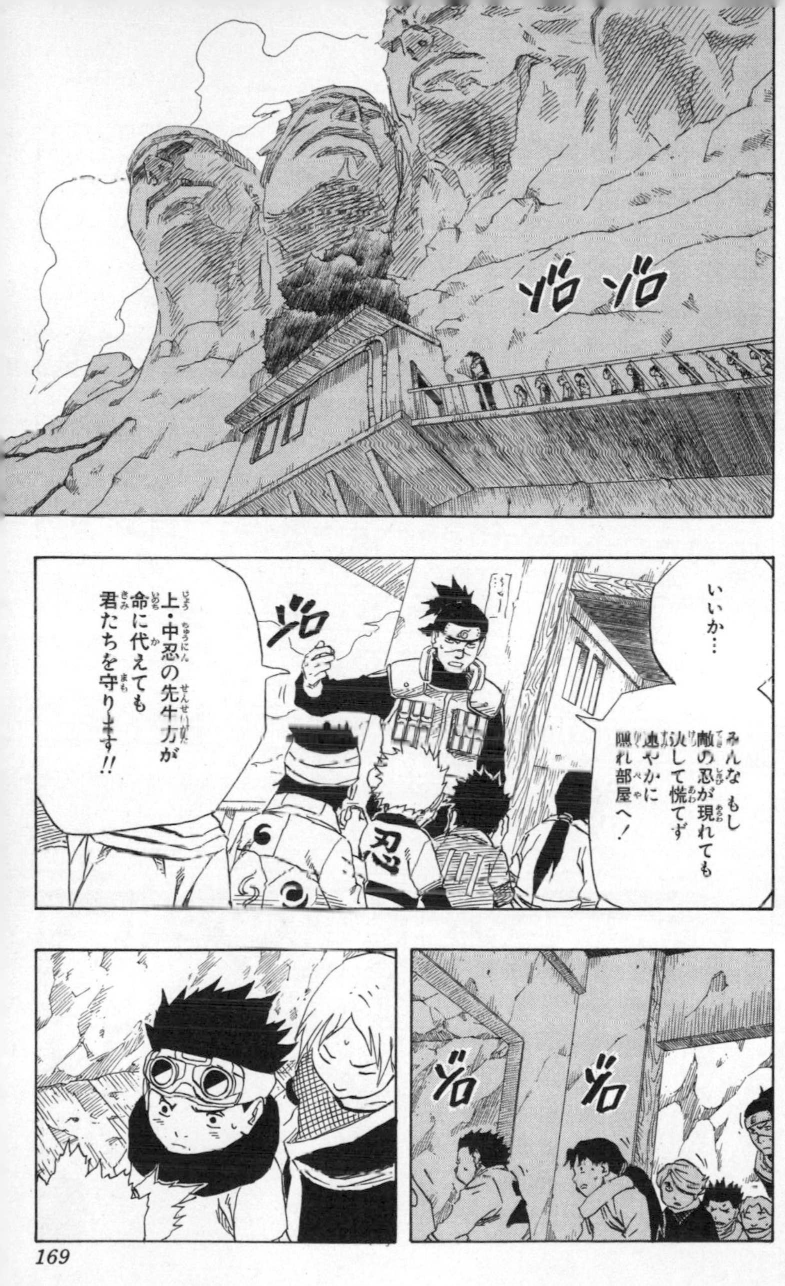
ゾロ ゾロ
いいか…
みんな もし 敵《てき》の忍《しのび》が現《あらわ》れても 決《けっ》して慌《あわ》てず 速やかに 隠れ部屋《へや》へ!
ゾロ
上《じょう》・中忍《ちゅうにん》の先生方《せんせいがた》が 命《いのち》に代《か》えても 君《きみ》たちを守《まも》ります!!
ゾロ
ゾロ

ゴツン
!!
ピシィ!!
三代目《だいめ》の顔岩《かおいわ》に
亀裂《きれつ》が…
…不吉《ふきつ》な……
…ジジイ……

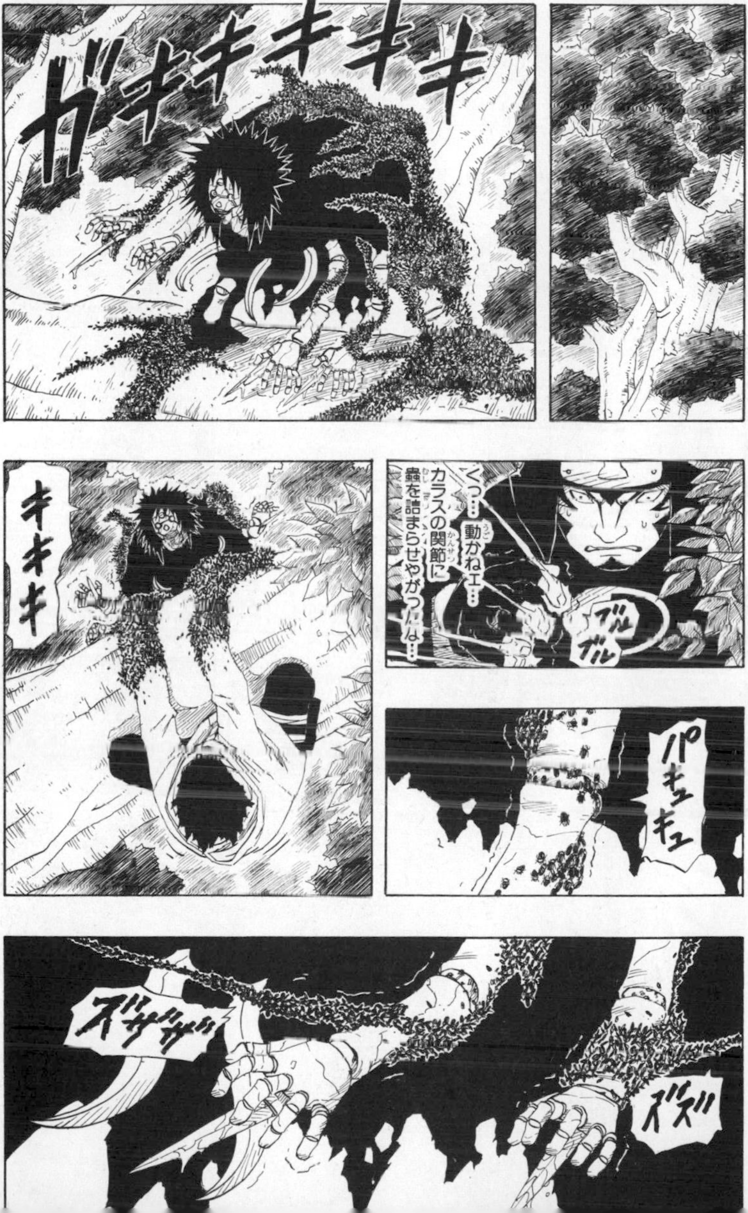
ガキキキキキ
くっ…動《うご》かねェ…
カラスの関節《かんせつ》に蟲《むし》を詰まらせやがったな…
ブルブル
パキュキュ
キキキ
ズズッ
ズザザッ

ズズズ
蟲共《むしども》がチャクラの糸《いと》を伝《つた》ってきやがる…
そうか 奴《やつ》の蟲《むし》はチャクラを餌《エサ》に……
クッ…このままじゃ居場所《いばしょ》がバレる…！
プツン
チャクラの糸《いと》を自《みずか》ら切《き》り離《はな》したか…!!
これで……
プツン
ガキョ

!
フッ…油断《ゆだん》したな!
一旦《いったん》切ったチャクラの糸《いと》を瞬時《しゅんじ》に繋《つな》ぎ直《なお》すことなんて一流《いちりゅう》の傀儡師《くぐつし》にとっては造作《ぞうさ》も無《な》いこと
そしてカラスは…全身《ぜんしん》のありとあらゆる部品《ぶひん》…その一つ一つに武器《ぶき》が仕込《しこ》んである仕込《しこ》み傀儡《くぐつ》だ!!
クイ
カパ
ジャキン
針《はり》にはタップリと毒《どく》が塗《ぬ》ってある…
死《し》ね!!
!!

ピタッ
ポロ…

!?
何《なに》ツ!?
ザッ
!
ザワ
ザワ
ザワ
いつの間《ま》に
手《て》に蟲《むし》が…!?
ザワワワ
チャクラの糸《いと》が
噛《か》み切《き》られてる…!!?
!!
ガサ!!
うあああ!!
ハァ
ハァ

何《なん》だァ!!? どうして…
この蟲共《むしども》はどっから
湧《わ》いて出《で》やがった…!!?
ズズズッ
チャクラの糸《いと》を伝《つた》う囮《おとり》の
蟲《むし》を払《はら》ったことで油断《ゆだん》して…
お前《まえ》は 気付《きづ》けなかったんだ
自分《じぶん》の背後《はいご》に蠢《うごめ》く蟲達《むしたち》にな…
ハァ
ずっと蟲達《ヤツら》は
動《うご》いていたんだ…
お前《まえ》の額当《ひたいあ》てを目指《めざ》してな…
……な……
何《なん》だと!?
ゴソゴソ
最初《さいしょ》の一撃《いちげき》…
喰《く》らわせ
損《そこ》ねたフリ
をして
お前《まえ》に
その蟲《むし》を一匹《ぴき》
くっつけて
おいた…
ハァ
ハァ
だが…
こんな蟲《むし》一匹《ぴき》で
どうしてオレの
居場所《いばしょ》が
分《わ》か……
ブン
!
オレは
同《おな》じ説明《せつめい》を
二度《ど》するのは
嫌《きら》いだ

…!!…まさか……!
ゴソゴソ
ゴソ
お前《まえ》が会場《かいじょう》を出《で》る前《まえ》に 蟲《むし》を使《つか》って雌《メス》の蟲《むし》の臭《にお》いを付《つ》けさせてもらった
雌《メス》の臭《にお》いはほぼ 無臭《むしゅう》!
その雌《メス》の微《かす》かな臭《にお》いを嗅《か》ぎつけるのは同種《どうしゅ》の雄《オス》だけだ…雌《メス》自身《じしん》の方《ほう》が臭《にお》いは強《つよ》いがな…
ゴソゴソ
じゃあ…この額《ひたい》の一匹《ぴき》は………
そう……
雌《メス》だ…
クラッ
煙《けむり》の毒《どく》か……
…どうやら援護《えんご》には行《い》けぬようだ…済《す》まぬ…
ドサッ
うちはサスケ…!!

14火影vs火影!!(完)

限定《げんてい》描《か》き下《お》ろし
ピンナップポスター&《アンド》
木《こ》ノ葉《は》の里《さと》中心部《ちゅうしんぶ》MAP《マップ》つき!!

秘伝《ひでん》・兵の書《ひょうのしょ》

オフィシャルファンBOOK《ブック》

JC判《ジャンプコミックスばん》 全《ぜん》282ページ 定価《ていか》600円《えん》(税込《ぜいこみ》)

絶賛発売中《ぜっさんはつばいちゅう》!!

兵《つわもの》どもの烈風秘伝《れっぷうひでん》——
紫紺《しこん》の杜《もり》、いざ集《つど》わん!!

究極無双《きゅうきょくむそう》のファンブック!!
総計《そうけい》108に及《およ》ぶ秘伝企画《ひでんきかく》が
今《いま》ここに集《つど》う!!

国《くに》・里《さと》・組織《そしき》——忍《しのび》の任務《にんむ》など
数々《かずかず》の秘伝《ひでん》が今《いま》、明《あき》らかに!
『NARUTO—ナルト—』
世界《せかい》を完全解析《かんぜんかいせき》!!

●木《こ》ノ葉隠《はがく》れの里徹底探索《さとてっていたんさく》!! ●うずまきナルト家大調査《けだいちょうさ》!! ●解析《かいせき》 木《こ》ノ葉忍群《はにんぐん》 ●第《だい》七班任務報告書《はんにんむほうこくしょ》 ●潜入公開《せんにゅうこうかい》 忍者学校《アカデミー》 ●忍《しのび》の印《いん》を完全伝授《かんぜんでんじゅ》!! ●THE《ザ》世界《せかい》のナルト!! 他多数《ほかたすう》!!

FAN《ファン》&《アンド》FUN《ファン》!みんなの想《おも》いが
溢《あふ》れうずまく珠玉《しゅぎょく》ファンページ!!
WJ《ウィークリージャンプ》 連載中《れんさいちゅう》
『ナルト通信《つうしん》』
完全《かんぜん》リンク!!

●木《こ》ノ葉《は》の里《さと》 みんなの伝言板《でんごんばん》●夢《ゆめ》の対戦《たいせん》ランキング●変化《へんげ》の術《じゅつ》 写真合戦《しゃしんがっせん》
●木《こ》ノ葉《は》の里《さと》の住民《じゅうみん》になろう!!
●サスケ新装備発表会《しんそうびはっぴょうかい》!!
●イラストパラダイス 他多数《ほかたすう》!!

超《ちょう》ロング・インタビュー!岸本流《きしもとりゅう》の全《すべ》てを明《あ》かす!!
うずまき参上《さんじょう》 岸本斉史《きしもとまさし》!!

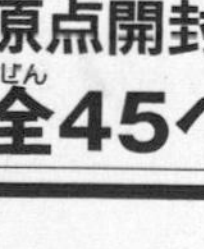

●潜入《せんにゅう》!岸本斉史《きしもとまさし》の城《しろ》●愛用画材特別披露《あいようがざいとくべつひろう》
●岸本斉史《きしもとまさし》 生《お》い立《た》ち足跡年表《そくせきねんぴょう》
●忍者的心理《にんじゃてきしんり》テスト
●岸本先生《きしもとせんせい》のWeek&Day《ウィークアンドデイ》 他多数《ほかたすう》!!

原点開封《げんてんかいふう》!特別読切《とくべつよみきり》『NARUTO《ナルト》』
全《ぜん》45ページ完全秘蔵収録《かんぜんひぞうしゅうろく》!!

忍《しのび》の真髄《しんずい》ここに極《きわ》まれり!!

其《そ》ノ壱《いち》 忍の章

知《し》られざる忍《しのび》の実像《じつぞう》を完全《かんぜん》データ化《か》！その戦闘力《せんとうりょく》から趣味《しゅみ》・し好《こう》までを徹底《てってい》的《てき》に分析《ぶんせき》し真《しん》の姿《すがた》を今《いま》、公開《こうかい》する!!

総計《そうけい》137名《めい》のキャラクター
プロフィール完全掲載《かんぜんけいさい》!!

其《そ》ノ弐《に》 術の章

おなじみの基本忍《きほんにん》術《じゅつ》や封印《ふういん》されし秘《ひ》術《じゅつ》をキミに伝授《でんじゅ》!!〝術《じゅつ》〟の威力《いりょく》や効果《こうか》が一目《ひとめ》でわかる便《べん》利《り》アイコン付《つ》き。

門外不出《もんがいふしゅつ》の
秘術《ひじゅつ》を解析《かいせき》!
86種《しゅ》の術《じゅつ》の
全貌《ぜんぼう》が明《あき》らかに!!

其《そ》ノ参《さん》 設定の章

珠玉《しゅぎょく》の設定画《せっていが》を遂《つい》に発表《はっぴょう》！漫画《まんが》には描《えが》かれなかったお宝《たから》が超満載《ちょうまんさい》だ!!

岸本流秘蔵絵巻《きしもとりゅうひぞうえまき》
本邦初公開《ほんぽうはつこうかい》!!

うずまき旋風炸裂《せんぷうさくれつ》の豪華企画陣《ごうかきかくじん》!!

・NARUTO《ナルト》 best scene《ベストシーン》
・『NARUTO―ナルト―』葉語集《ようごしゅう》
・ナル通募集《つうぼしゅう》三大企画結果発表《だいきかくけっかはっぴょう》!!
・特別読切《とくべつよみきり》
　「木《こ》ノ葉外伝《はがいでん》：一楽《いちらく》にて…。」
・ナルティメット人物相関図《じんぶつそうかんず》
・コラム「木《こ》ノ葉百葉集《はひゃくようしゅう》」
・オフィシャル人物身長対比図《じんぶつしんちょうたいひず》
・サバイバルフローチャート 等《など》

疾風迅雷《しっぷうじんらい》
忍《しの》びて咲《さ》かす
次巻《じかん》JC《ジャンプコミックス》巻《まき》ノ十五《じゅうご》
一月上旬《いちがつじょうじゅん》
発売予定《はつばいよてい》!!

■ジャンプ・コミックス

NARUTO -ナルト-

14 火影vs火影!!

2002年11月6日　第1刷発行

著者　岸本斉史

編集　ホーム社
東京都千代田区一ツ橋2丁目5番10号
〒101-8050
電話 東京 03（5211）2651

発行人　山路則隆

発行所　株式会社 集英社
東京都千代田区一ツ橋2丁目5番10号
〒101-8050
03（3230）6233（編集）
電話 東京 03（3230）6191（販売）
03（3230）6076（制作）
Printed in Japan

印刷所　共同印刷株式会社

ISBN4-08-873341-X C9979